漫漶遗拙

陕北汉画像石新读

西安辎轺堂 原拓供图
杨惕 编著

西安出版社

图书在版编目（CIP）数据

漫漶遗拙：陕北汉画像石新读 / 杨愓编著. -- 西安：西安出版社, 2018.6（2023.2重印）
ISBN 978-7-5541-3167-1

Ⅰ. ①漫… Ⅱ. ①杨… Ⅲ. ①画像石—研究—陕西—汉代 Ⅳ. ①K879.444

中国版本图书馆CIP数据核字(2018)第144521号

漫 漶 遗 拙

MAN HUAN YI ZHUO

陕 北 汉 画 像 石 新 读

SHANBEI HANHUAXIANGSHI XINDU

编　　著：杨　愓
美术顾问：何安国
策划编辑：范婷婷
责任编辑：张增兰　原煜媛
责任校对：张爱林　陈　辉　张忝甜　王玉民
设计排版：朱丹萍　纸尚图文设计
出版发行：西安出版社
（西安市曲江新区雁南五路1868号影视演艺大厦11层）
印　　刷：廊坊市印艺阁数字科技有限公司
开　　本：720mm×1020mm　1/16
印　　张：14.375
字　　数：168千
版　　次：2018年6月第1版
印　　次：2023年2月第2次印刷
书　　号：ISBN 978-7-5541-3167-1
定　　价：58.00元

貞石今留漢文化
精雕長憶古工師

一九九三年十一月 啟功

浮屠畫像石拓片

造形氣勢陸離，栩栩生動，於古樸中極見神采

中石觀後

序

陕北汉画像石主要分布在陕西榆林地区，于永元二年（公元 90 年）后开始逐渐出现，在其后的十余年间很快形成规模。对此，大多数学者认为：在永元元年（公元 89 年）窦宪大破北匈奴之前，这一地区一直为汉朝与匈奴等少数民族争夺厮杀的战场，不具备画像石产生所需要的安定优裕的生活环境和宽松的精神土壤。窦宪取胜后，汉朝在陕北重设西河郡和上郡，使得陕北边民有了一个休养生息之机，军队的驻扎和官吏的治理又带来小范围的文化升华，使得汉画像石具备了产生和繁荣的条件。永初元年（公元 107 年）以后，势力逐渐强盛的西羌开始不断对西河郡和上郡袭扰，直至步步紧逼，不稳定的生活态势导致画像石很快走向衰落。至永和五年（公元 140 年），东汉政府被迫“徙西河郡居离石（今山西离石），上郡居夏阳（今陕西韩城）”，陕北汉画像石赖以存在的条件化为乌有，那些已有的画像石和它们的主人从此沉寂于黄土之下，慢慢被世界所遗忘，直到一千九百多年后被人们发现。

东汉时期许多将领和官吏的原籍在现今的豫西南、苏北、鲁西南一带，那里的画像石艺术在西汉末东汉初就已经成熟，当这些将领和官吏在现今的陕北戍边时，家乡垒穴刻石的丧葬习俗也被带了过来，并且为当地的富户土著所接受，这可能就是陕北画像石在那一时期集中出现而没有明显的早期艺术铺垫的原因。

习俗容易带来，画师石匠却只能在本地寻找。这些初涉画像石的陕北艺人身处多民族杂居的蛮荒之地，远离经济文化中心，他们终其一生的活动范围可能不出郡县，远在千里之外已经存在百年的汉画艺术他们也难以望闻，而恰恰是这一点，让他们的创作思维少有约束，创作手法无循规矩。他们挥洒入画时借鉴的大多是周围耳闻目睹的东西，就是神话和传说也因地处偏远显得更为原始，这就形成了陕北汉画像石极为独特的艺术风格。

因为陕北画像石原石系不稳定砂岩，从它埋入地下那一刻起侵蚀就开始存在，其结果是色彩脱落，刻剔消损，大多数在出土时已面目漫漶，即便日后给予一定的保护，结构松散的表层也会日复一日脱粒落沙，这就使得我们要更多地依靠拓本来保留陕北汉画像石出土时的风貌，也使得我们能欣赏到漫漶后的天作之美。

本书所有画面均选自西安辎轺堂收藏的陕北汉画像石拓本。这些拓本大部分是初拓本，还有一些稀世珍本。这里的每一幅画面都是一扇历史的窗口，将东汉边民真实的生活场景和他们升腾开朗的精神世界展示在我们面前。他们或扶犁，或挥锄，或扬鞭，或引弓，或挺戟，或执幡。他们浪迹云天，邀翼龙羽仙同游。他们呼啸山林，与熊狼虎豹相搏。他们是一群自由而坚强的生命，相信自己的灵魂与日月天地共存。两千年后的今天，他们风尘仆仆地在这本书里同我们相遇了。

阅读提示

“纵”“横”是计算画像石面积时对相邻两边的习惯用词，正面观赏画像石时，画像石的高为纵、宽为横。这种方法也引申到汉画选裁后的面积表达。由于测量时的标的物不同（原画像石或汉画拓本），所给出的纵横数字与实际大小可能有误差。

除过标明收藏地的画像石，其余画像石标明的出土地并不完全代表收藏地。

画像石在墓中主要分布于墓门和墓室侧壁，墓门由横额、竖框和门扉组成，侧壁主要由横额和竖壁组成。考虑到本书内容以局部图案赏析为主，不再就画像石在墓中的布局方式及图案规律进行论述。

史料的匮乏和编者的非专业背景使得配文很难做到准确，其表述更多的是多年与陕北汉画相处后的一种感受，是对画面的一种淳朴自然的理解，完全是一家之言，仅供借鉴赏评。

目录

第三章
农耕

第四章
生活　战争

第五章

神话人物

第六章

云纹异兽

第七章

百戏

第八章

吏

第九章

四灵

第十章
边框　下框

第十一章
羽仙　羽人

第一章　狩猎

狩猎场面在陕北汉画像石中多见，往往作为一个局部与出巡、揖拜、神话、灵云仙草等图案处于同一画面，表现的是狩猎过程中的局部场景。全景式表现狩猎内容的画像石仅有很少几块，这里首选的《牛君狩猎图》和后选的《猎驼图》就是其中的两幅。这两幅汉画的墓主应该属于当时能够组织大型狩猎活动的地方显赫人物，他们的经历和权势给了古代画师更多的挥洒空间，使得我们在近两千年后的今天，依然可以目睹东汉时期陕北先民气势非凡的狩猎场景。

携犬猎

天界狩猎图

翼虎攀云而上，周围云团中有禽兽出没。右边框有猎手探身，引弓射向云隙雁群；左边框有猎手跨步，举盾挥剑直逼畏退之鹿。

［原石出土地：绥德黄家塔　老拓］
［原石纵横：106cm×31cm］
［选裁纵横：77cm×27cm］

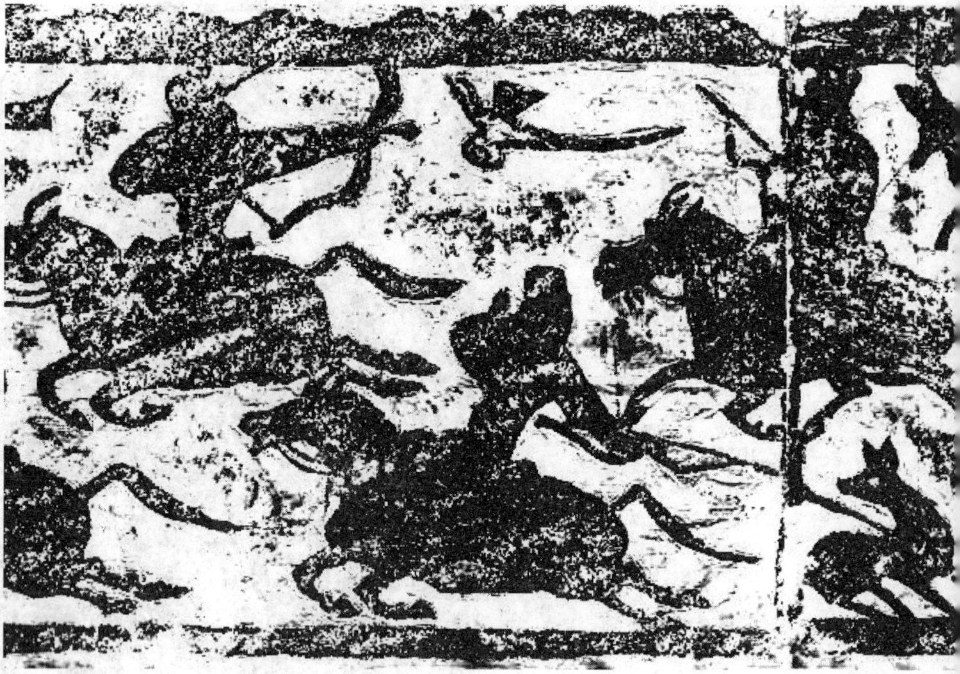

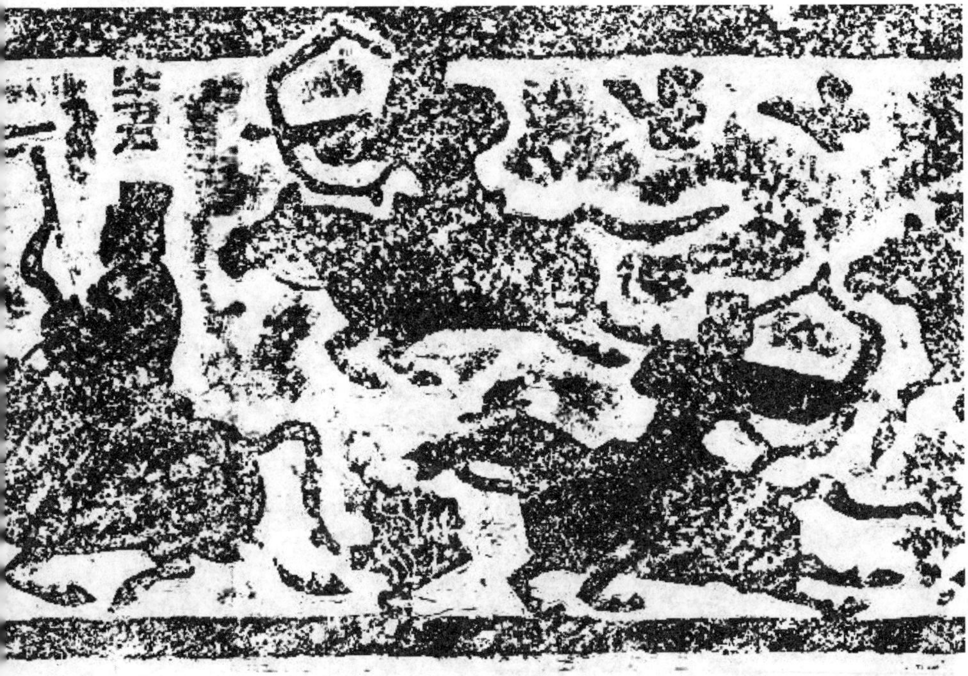

牛君狩猎图（右半幅）

［原石出土地：米脂官庄］
［原石纵横：29cm × 284cm］

《牛君狩猎图》是目前所见的陕北汉画像石中内容专一的狩猎图之一。整个画面境界浩莽，气势壮观，动感强烈，是一次大规模狩猎活动的写照。全图共刻画了十八位骑马猎手和二十三只被追逐的禽兽。上图中央，有一头戴平顶冠、手执弓箭端坐马上者，头顶有『牛君』二字，应为墓主，是狩猎的组织者和指挥者；下图衔接于上图的右侧，内容为虎搏长戟和罴临弓箭。

牛君狩猎图（左半幅）

上图中出现了在别的狩猎图中很少见到的猎网、猎袋和短剑，其中猎网扑雉表现得极为真实——猎手纵马铺地而来，群雉振翅平地而起；下图衔接于本图左侧，内容为狐中箭和罴扑戟。

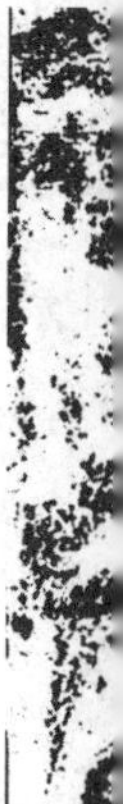

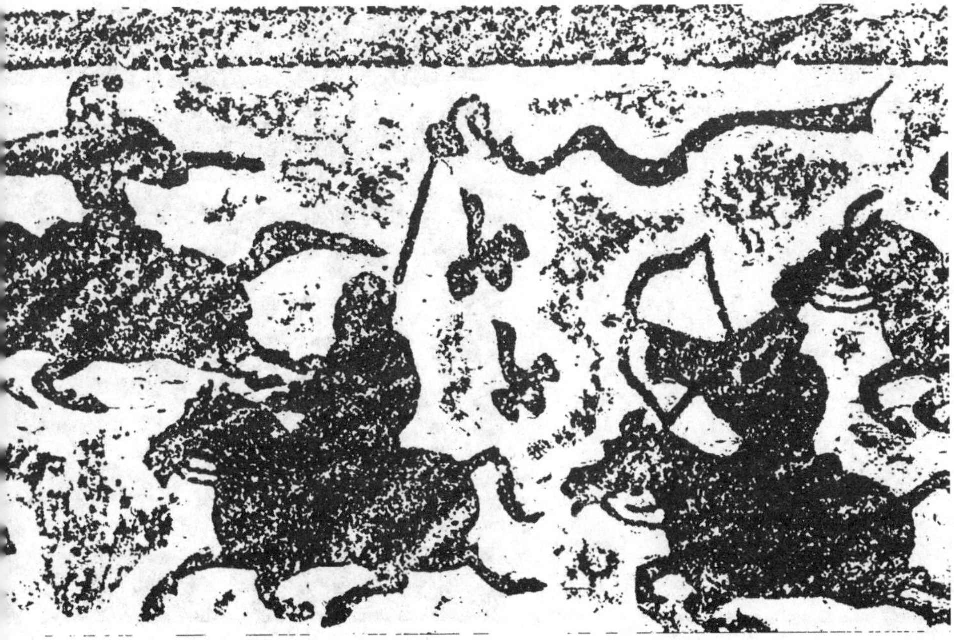

鹰啄兔图

［原石出土地：绥德黄家塔　老拓］
［原石纵横：175cm×41cm］
［选裁纵横：20cm×31cm］

以鹰隼行猎在商周时就已出现，两汉时已经是一种很成熟的狩猎方式。此图中鹰隼已捕获一兔，正在啄击；随后的猎手长臂细腰，面对奔兔，张弓欲射。

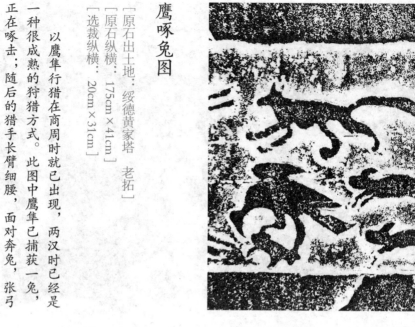

围猎图

减底浅浮雕，雕琢刀痕可见。两奔马均仰首弓背，一尾平直、一尾高翘，造型独具风格，富有力感。两只野兔惊慌失措，迎头相撞。此画像石制作不循常规，不注重四条边框的平直，雕琢出右奔马后立即停刀，留下一条毛糙的右边框。

［原石来源：米脂征集］
［原石纵横：32cm × 186cm］
［选裁纵横：18cm × 50cm］

奔马回身猎（复制）

取打磨好的石料，按照原图大小重新雕琢图案，再拓制出来就是这个样子——凝滞呆板，毫无历史的韵律。辨别陕北汉画拓本的真伪常以此为据。

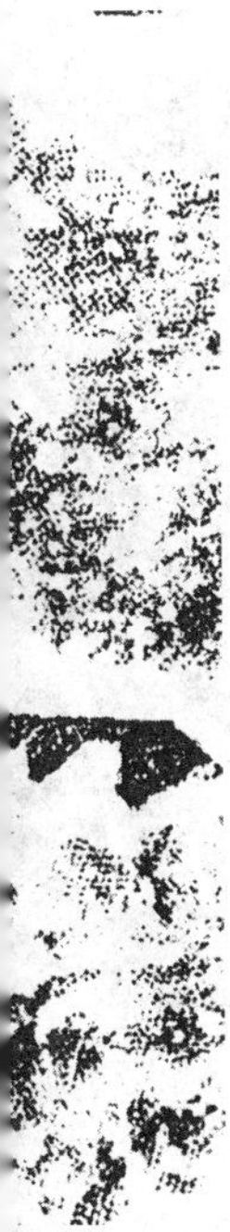

奔马回身猎

［原石出土地：米脂党家沟］

［原石纵横：38cm×158cm］

［选裁纵横：18cm×29cm］

此图已经不再是东汉画师的原作，两千年的侵蚀之笔重新绘就了此图，于是我们看到奔马载着猎手，拖风带尘，从历史的长河中脱颖而出。

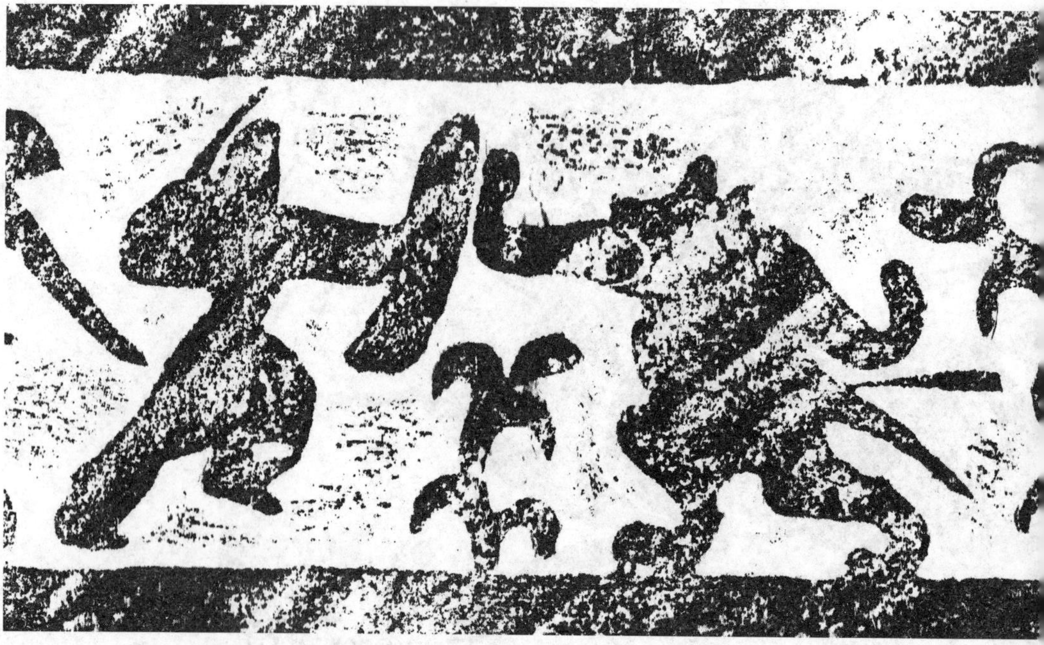

林地狩猎图（左）

［选裁纵横：18cm×51cm］

猎手徒步挺戟，身姿矫健。下方四株矮小的植物表明猎场是一片林地。

林地狩猎图（右）

熊嘴大张，咆哮之声可闻，熊掌前推后挡。左侧猎手以盾护身，举剑进击；右侧猎手骑马持弓，发箭射中。熊两侧有两株植物，右上角有一只惊飞的雉。此熊长尾，也可能是罴。（西安碑林藏石）

［原石出土地：米脂官庄　老拓］

［原石纵横：38cm×166cm］

［选裁纵横：18cm×55cm］

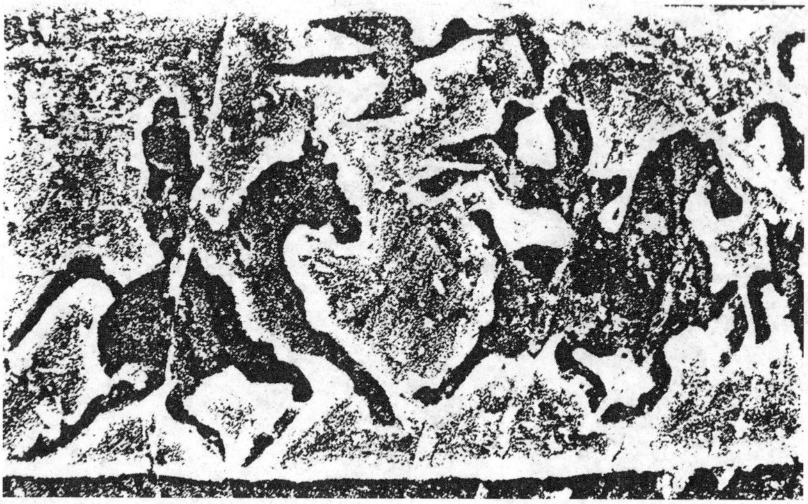

架鹰图 绥德老拓

猎驼图（狩猎长幅左侧）

天空有首尾衔接的大雁，地面有嶙峋起伏的山石，一驾轻车指挥众猎手突奔而来。猎手姿态各异，前方是惊恐万状的鹿、黄羊和野骆驼。原图共有车乘六驾，骑手二十，衔接紧密，场面宏大。

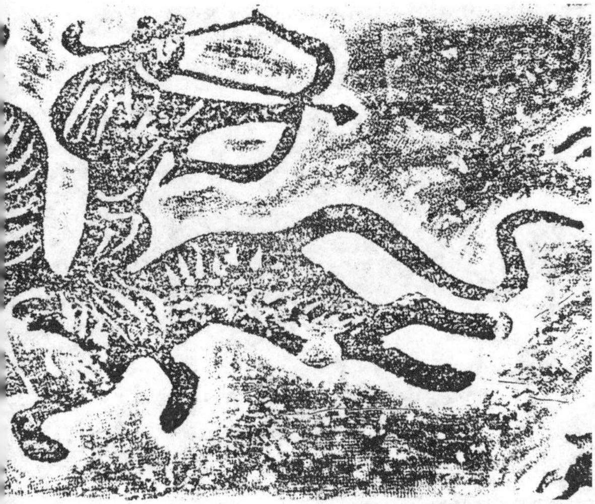

异兽骑猎

异兽为龙角、虎身、豹尾的复合体，显然不是人间的坐骑，猎手也不是在人间狩猎。

［原石出土地：米脂党家沟］
［原石纵横：38cm × 158cm］
［选裁纵横：18cm × 24cm］

［原石出土地：绥德延家岔］
［原石纵横：36cm × 285cm］
［选裁纵横：24cm × 65cm］

庄园图（狩猎长幅右侧）

主仆们前呼后拥去狩猎，留下空荡荡的前半座院落。图中没有画出后半座院落，那里应该还有住房和不宜去狩猎的老弱妇孺。前院有座大型露厅。露厅单脊两坡四檐，有护栏环绕，檐下垂挂布帐络须，狩猎回来后大规模的聚餐庆祝就要在这里举行。

［原石出土地：绥德］
［原石纵横：36cm × 285cm］
［选裁纵横：25cm × 68cm］

双骑猎虎图

虎体两倍于骑手和马，端立昂首，一副决斗姿态，粗壮的虎尾似乎一扫就能置身后的猎手于死地。与虎的镇定相比，感到危险的两只鹿在惊恐地跃腾。（西安碑林藏石）

［原石来源：绥德征集］
［原石纵横：38cm × 166cm］
［选裁纵横：18cm × 62cm］

竖框三骑

［原石出土地：米脂官庄　老拓］

［原石纵横：136cm × 37cm］

［选裁纵横：39cm × 14cm］

竖框中的绘画题材大多数是云纹异兽、神话传说，出巡和狩猎题材很少。这一竖框中猎手的布局较为少见，画师让三位骑手从左边框叠压而出，组成一个立体的狩猎场景，又在右边框前给我们留下了可供想象的空间。

风帽猎手

［原石出土地：米脂党家沟］
［原石纵横：42cm×176cm］
［选裁纵横：23cm×23cm］

猎手身穿带风帽的短袍，束腰，半蹲引弓。鹿四蹄腾空，正从猎手头顶飞跃而过。画面以简洁的阴线刻画人、鸟、鹿的细部。

双人猎

汉画像石墓门均由一横额、两竖框和两块门扉石组成。此组画像石墓门的横额和竖框为一少见的整体石材，呈倒置的凹形。这种形制使得拓本拐角处的图案没有断纹，浑然一体。此图取右上角内圈部分，一猎手全神贯注，面左蹲位拉弓，没料想身后已有野兽扑来；一猎手踏石蹬树，满弓朝上，三只惊弓之鸟昂首疾飞。两猎手外形彪悍，体态俊美。（西安碑林藏石）

[原石出土地：米脂官庄]
[原石纵横：172cm × 192cm]
[选裁纵横宽：47cm × 34cm]

双骑猎虎图

［原石出土地：清涧折家沟　老拓］
［原石纵横：37cm×192cm］
［选裁纵横：18cm×22cm］

画面中被激怒了的老虎反而成了猎手，两位猎手似乎成了猎物。

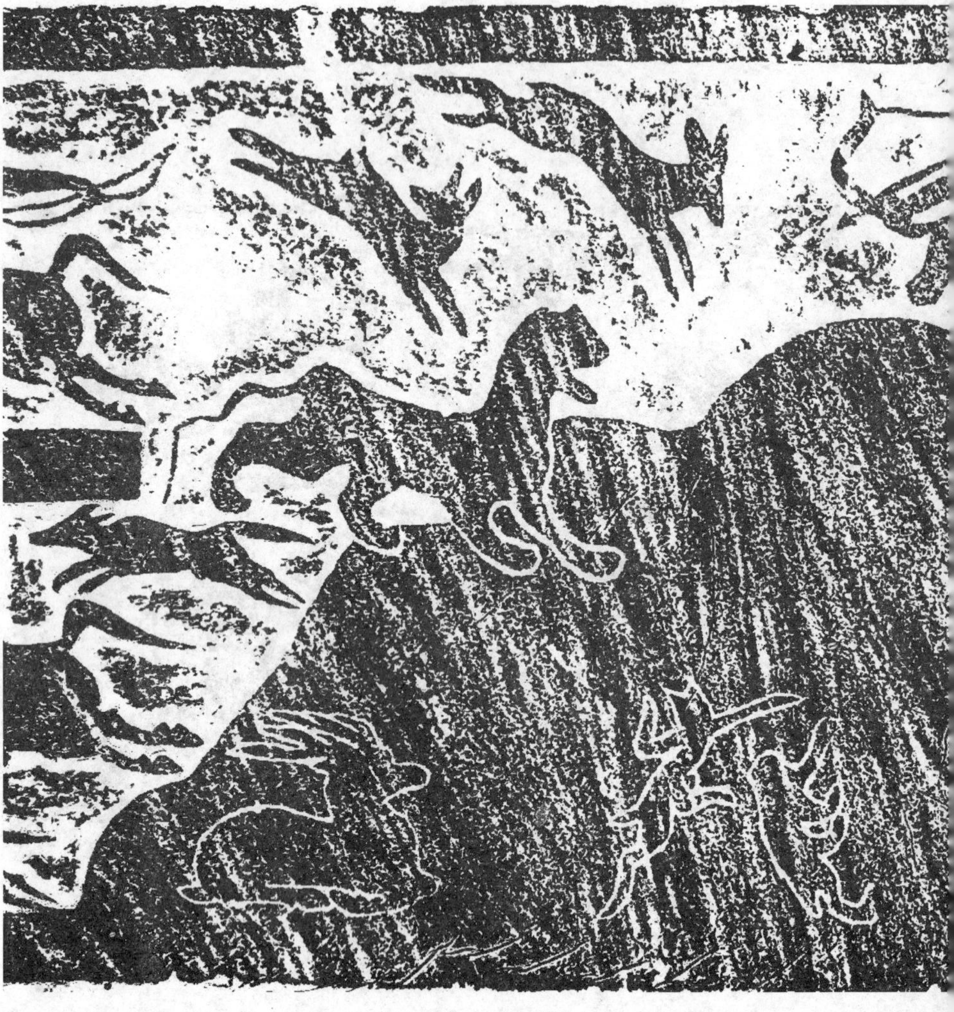

山林狩猎图

很多画像石横额被一条中线分割成上下两部分，表达不同的内容或场景。此横额的中线被一座高山截断，使得上下两部分贯通，为描绘大范围的山林狩猎增加了空间。山顶的两猎手张弓以待，许多野兽逃进深山躲藏起来。有两只卧鹿在山中已躲藏多时，一只老虎正在山

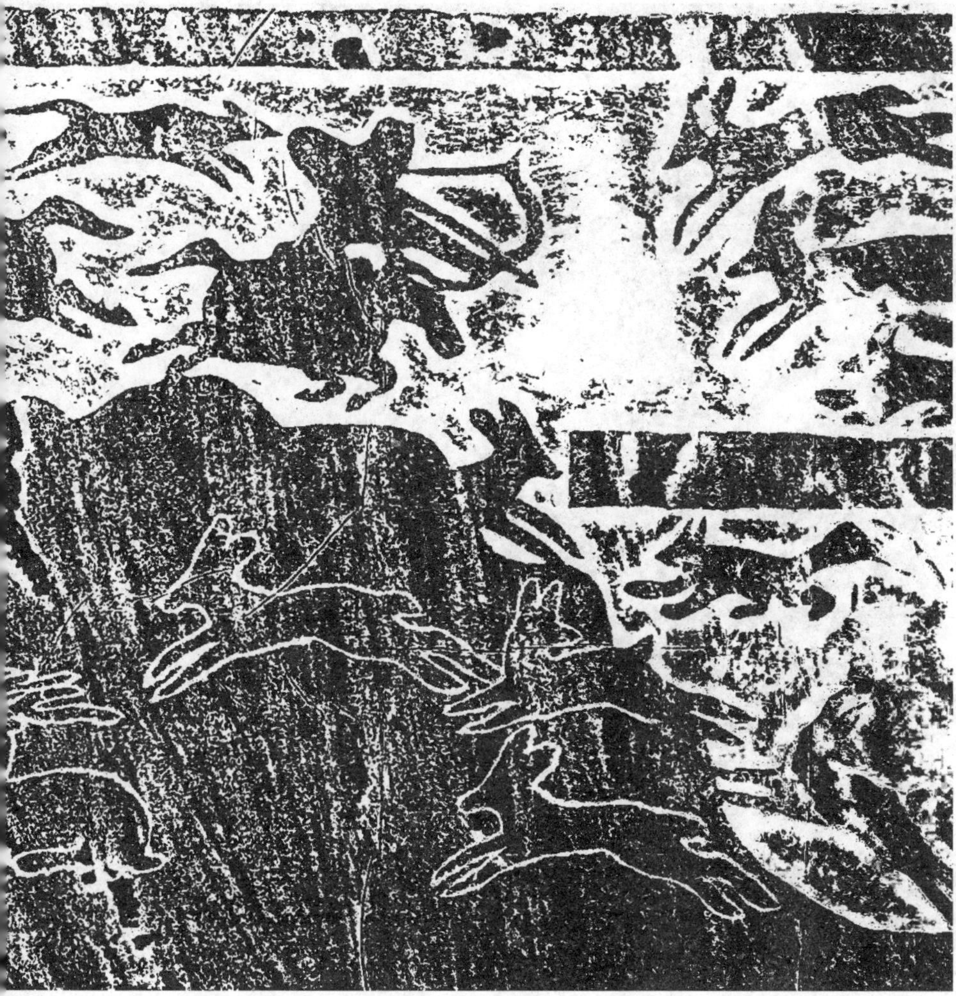

林边沿犹豫，密林里有两个灵怪。此图以一种表意的绘画形式展示了山林狩猎的场景，让我们看到了极其拙朴的构图思维。

［原石来源：绥德征集］
［原石纵横：38cm × 236cm］
［选裁纵横：38cm × 84cm］

“风”中猎

原本没有风，是岁月的侵蚀之笔让猎场狂风大作，密集的沙粒被风裹挟着贴地而来，车乘在逆风中行进，马队在逆风中奔跑，猎手在逆风中引弓，那枚硕大的箭头眼看着就要刺破风沙。（西安碑林藏石）

［原石来源：绥德征集］
［原石纵横：36cm × 155cm］
［选裁纵横：22cm × 53cm］

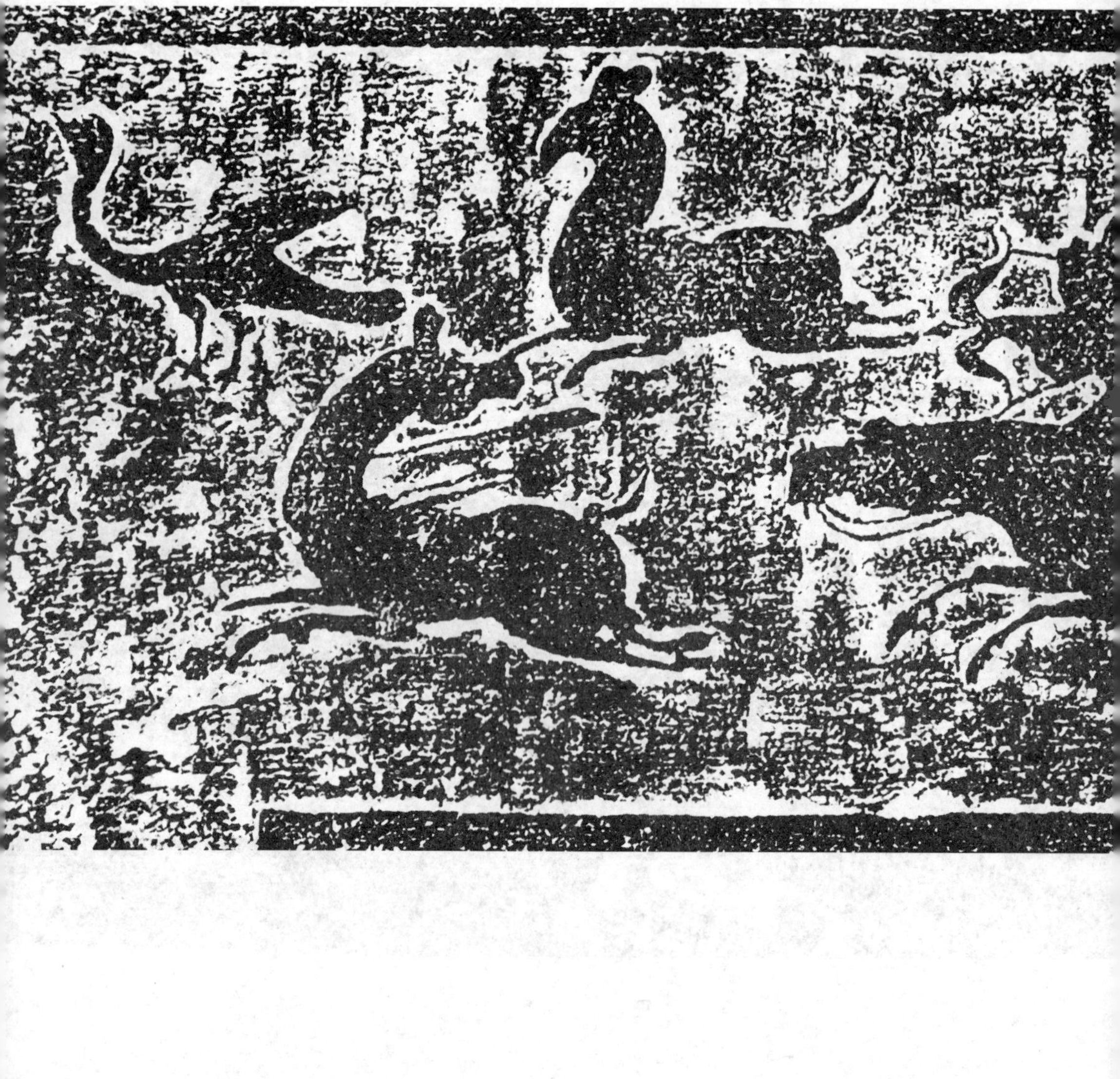

车骑狩猎图

驭手紧拉缰绳，驾辕之马前蹄腾空。猎手持弓连发，奔鹿已中数箭。猎手坐骑颈背成一直线，呈脱缰之势，此种奔马造型在陕北汉画中不多有，但在五百年后的唐朝皇家墓葬壁画中比比皆是。此图雕凿减底过程清晰，刀刀可见。（西安碑林藏石）

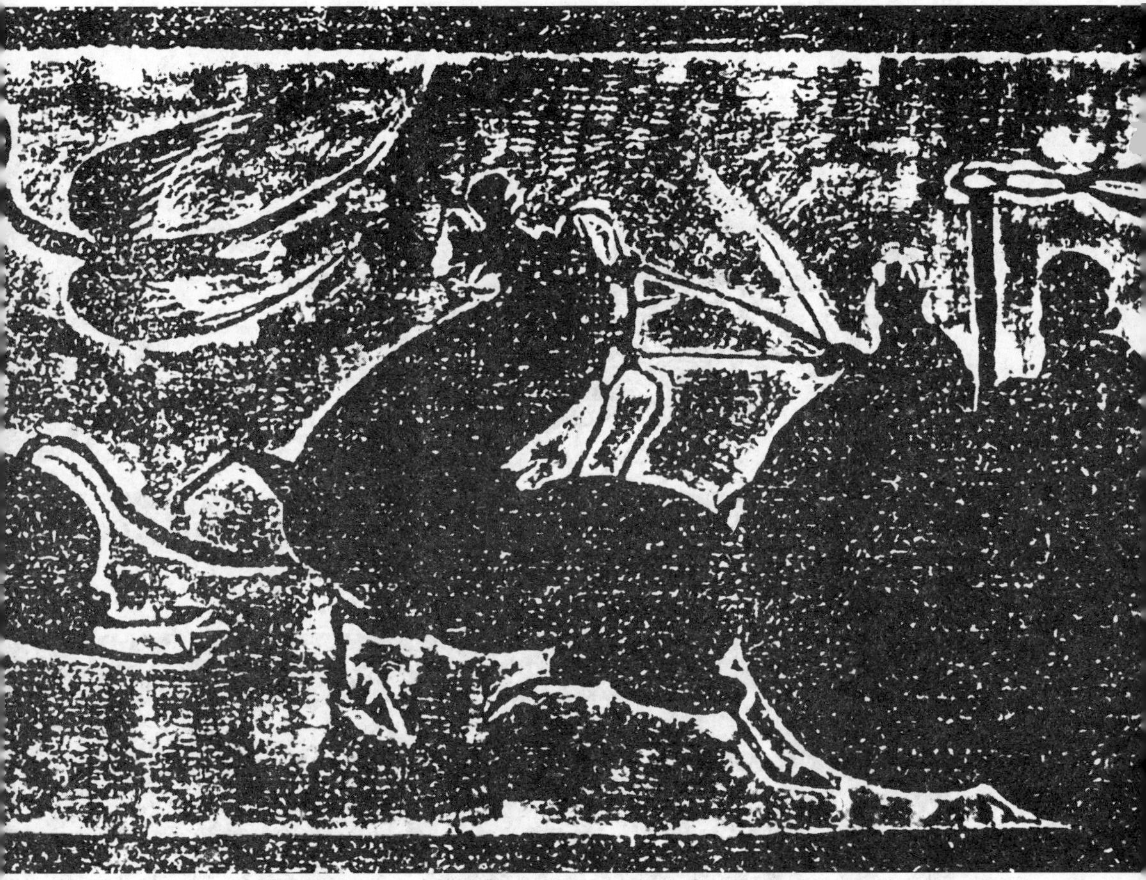

［原石出土地：绥德贺家湾］
［原石纵横：32cm × 92cm］
［选裁纵横：21cm × 46cm］

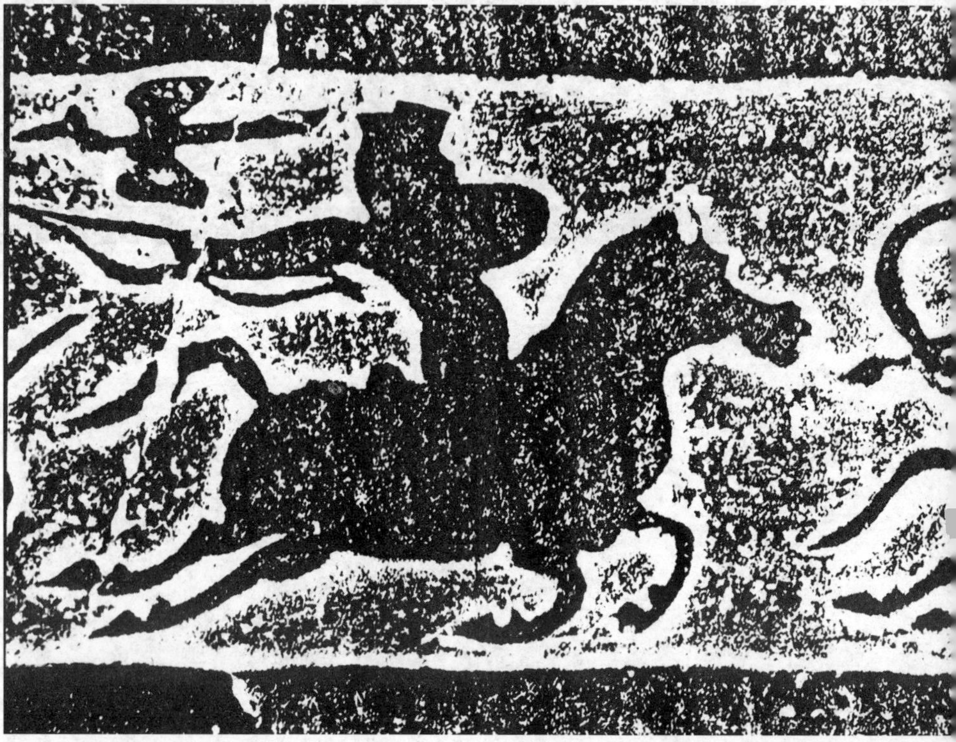

三骑猎

绥德老拓

两猎手强弓满弦，两奔马似奔似飞。走马骨壮毛长，骑手身后所携可能是箭囊。

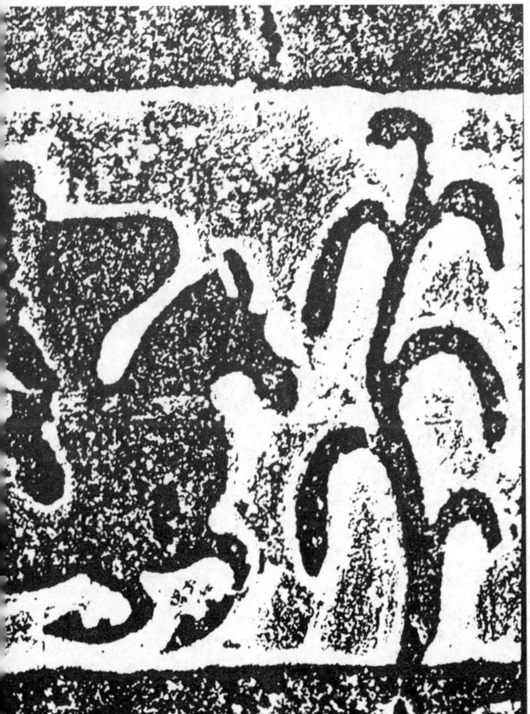

双骑回身猎

绥德老拓

野猪和鹿

［原石出土地：绥德四十里铺］
［原石纵横：29cm × 180cm］
［选裁纵横：13cm × 44cm］

野猪居中，卷尾短鬃，另三只为鹿，它们都是狩猎的主要对象。与鹿相比，野猪身材明显偏大，老树明显偏小，它们是作为单个的元素被均衡地排列进横额里的，不能以正常比例来要求。这种缺乏透视原理的表现形式贯穿了全部陕北汉画，也成为一种可资欣赏的较原始的绘画风格。

第二章 出巡 队列 礼仪

陕北汉画中的出巡场面很多，出巡规模差距很大，有的两乘三骑、冷冷清清，有的前呼后拥、浩浩荡荡，但不论以何种规模出巡，大多数都讲究礼仪，有送有迎。《队列图》表现的内容与战争无关，应该是检阅或者操练。表达礼仪过程的两幅《拜谒图》属于两位身份不同的墓主，《拜谒图》的墓主属于将官，《四方格拜谒图》的墓主属于农家富户。因墓主身份地位的不同，对同一行为的描画在内容和风格上往往也不同，这一点在陕北汉画中非常突出，体现了社会身份不同的人群在去往另一个世界时的不同追求。

六乘五骑出巡图（局部）

出巡坠马图

这是一次放纵而散漫的出巡。八辆轺车在起伏的山地上自由自在地行进。殿后的骑手一位在马上携弓稳坐，一位热不可耐，弃马下地，脱袍缠裹于腰。有几位骑手脱离开队伍，去山林寻猎。在图的中部上方，一只黄羊突然窜出，旁边的坐骑受到惊吓，腾空跃起，将主人抛下。将坠马事件作为出巡中的一件偶发小事刻绘于此不好解释，但作为墓主人的死因重点交代就便于理解了。基于这种理解，打头的两辆轺车空载而归也可以得到合理的解释。

［原石出土地：米脂官庄　老拓］
［原石纵横：37cm × 241cm］
［选裁纵横：18cm × 120cm］

［原石出土地：绥德白家山］
［原石纵横：36cm × 277cm］

出巡坠马图（一）

闯祸的黄羊与被惊吓的坐骑异向狂奔，骑手被颠在空中，仰面落下。受惊吓的坐骑马鞍仍在，在它的上方又抛起一个马鞍状的物品。下方偏右处一辆轺车正走出山坡，说明坠马事件发生在出山之际。

[选裁纵横：36cm × 56cm]

[选裁纵横：28cm × 37cm]

出巡坠马图（二）

这是两位殿后的骑手，一位在马上抱肘稳坐，一位持物马下缓行。两人均高鼻凹眼翘下巴，与前面同巡者平坦的面部呈鲜明对比，其服饰也与同巡者截然不同。当时的上郡和西河郡住有大量内附的匈奴、西羌、乌桓等异族人，东汉政府在当地委派了护乌桓校尉和护羌校尉对他们进行管理，他们中的许多人以部族武装或者个人身份加入了汉族军队，这两位殿后的骑手应该属于此类。

［选裁纵横：22cm×30cm］

出巡坠马图（三）

这是一辆正在山地中行走的轺车。毫无规律的侵蚀纹给这幅汉画平添了许多笔墨无法描绘的韵味。

出巡坠马图（四）

轺车空载

巡归图（右侧局部）

车为辎车，车顶外沿上翘，四周有隔断，可以遮阳蔽尘，为显贵和他的家眷所乘。车旁有佩剑护卫步行，车后有护卫五骑紧随。护卫胯下之马昂首翘臀，呈绒团状；马蹄轻点地面，似乎害怕惊醒辎车里巡游一日后疲乏的主人。

[原石出土地：米脂官庄]
[原石纵横：34cm × 280cm]
[选裁纵横：20cm × 34cm]

巡归图（左侧局部）

出巡归来的队伍已回到庄院门前，有留守官吏携七人分立在门前两侧迎候。院墙整端，廊檐环绕，大厅庄重，有隔栏圈围并置门，院内有人骑马巡视，有人在清扫地面，有人捧物送往大厅。

［原石出土地：米脂官庄］
［原石纵横：34cm×280cm］
［选裁纵横：18cm×73cm］

队列图（一）（左侧局部）

队列图（一）（右侧局部）

导骑胯下之马高大雄壮，有物斜挎于身。队列后有一骑手持幡摇旗压阵。队列里有两排骑手，很难数清具体人数。他们全凝立不动，似乎在等待检阅。上方小图位于下图左侧，应该是检阅队列前的某种仪式。共有六棵带培土的树出现在图中，可以理解为队列脚下是操练习武的专用场地，而且场地旁要植树成荫，面右的三骑应为前来报到的将官。

［原石出土地：米脂官庄］
［原石纵横：35cm×280cm］
［选裁纵横：24cm×50cm］

队列图（二）

长埋地下所受的侵蚀让偌大的出巡队伍几乎消亡殆尽，领头的持钺骑吏带着仅剩的几组人马走出了千年尘埃。在他们出土面世之际，我们留下了这张拓片。无论我们怎样保护，这些画像石总会日复一日地脱落沙粒，残余的画面最终还是会从我们的视线里消失。这就是用砂岩雕琢出的画像石跟我们开的一个无可奈何的玩笑。

［原石来源：米脂征集］
［原石纵横：34cm×256cm］
［选裁纵横：19cm×25cm］

队列图（三）

队列右向，是陕北汉画中唯一朝向右方的队列图。中间四骑并排，有一骑手举幡，其余骑手持矛。千年侵蚀虽然让他们显得支离破碎，但依然保持着严整有序的队形。

［原石出土地：清涧折家沟　老拓］
［选裁纵横：19cm × 42cm］

双乘三骑出巡图

东汉的上郡和西河郡应该有不少画师，他们有着各自的绘画风格，这些风格在不同地点出土的画像石上得到了印证，我们甚至可以据此粗略计算出有多少位画师参与了陕北汉画像石的创作。但双乘三骑出巡图是个特例，截至现在，在出土的数百块陕北汉画像石中，我们找不到任何一块的图案与此图风格相同。我们猜想绘制此图的画师可能出道不久、岁数不大，所以在他的画里看不出半点城府；我们还猜想他出道多年但童心未泯，所以画里充满了天真和直率；也可能他早就对此道娴熟于心，而把一种跳跃的印象随意涂抹于石面，然后交予岁月去打磨润色。

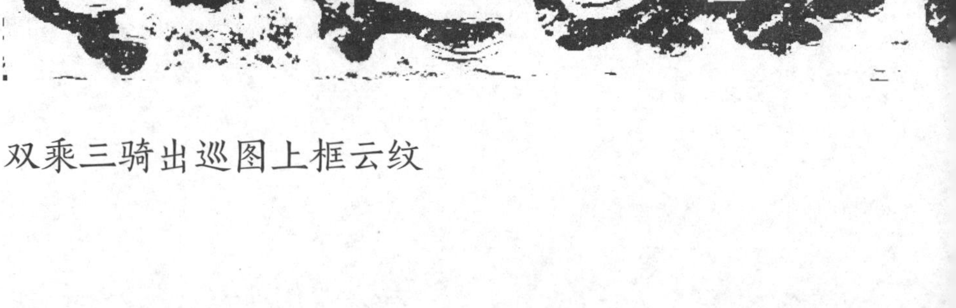

双乘三骑出巡图上框云纹

［原石来源：米脂征集］
［原石纵横：35cm × 172cm］
［选裁纵横：21cm × 38cm］

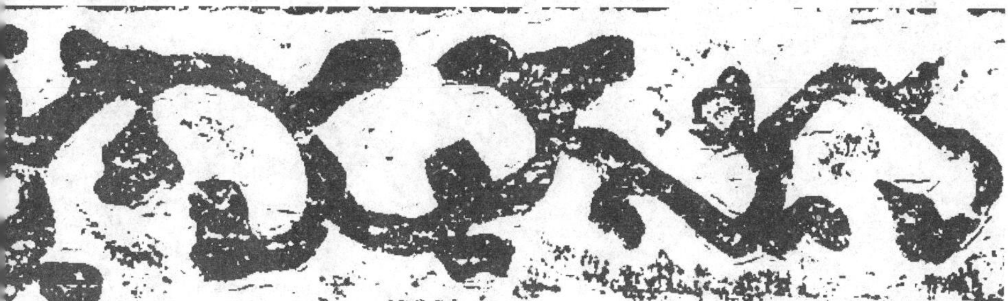

『皆食太府』图（一一）

“皆食太府”图

［原石出土地：米脂孙家沟］
［原石纵横：40cm × 180cm］
［选裁纵横：21cm × 26cm］

原画像石共有五乘八骑，每乘前上方均悬挂铭牌，用来书写乘者的名称官职。如果不是墨迹脱落，我们可以知道来客的姓名和官职。原石右上角画框外刻有四字，漫漶难辨，似乎为“皆食太府”。考虑到此图表达的是群官相聚、必有宴请，便以“皆食太府”冠名。

『皆食太府』图（二）

拜谒图

此图描绘的应是墓主生前接受参拜的场景。墓主凭几而坐，身后两侍者执金吾恭立，进见官吏持笏恭身行礼，墙上悬挂弓弩长剑。墓主生前可能是一位武官，他在展示自己生前的身份，他相信这种身份会按部就班地在另一个世界重现。

［原石出土地：绥德四十里铺］
［原石纵横：30cm × 166cm］
［选裁纵横：20cm × 68cm］

轩车

［原石来源：绥德征集］
［原石纵横：262cm × 35cm］
［选裁纵横：18cm × 28cm］

车顶外沿有四根支柱，支柱下端有护栏，中间空间较大，可坐多人。

四方格拜谒图

［原石来源：绥德征集］
［原石纵横：114cm × 37cm］
［选裁纵横：38cm × 30cm］

上左方格内是墓主人，正背倚嘉禾受持笏吏拜谒。下左方格内是女主人与奴婢，女主人可能在吩咐奴婢为来客准备酒食。其脚下有鸡觅食，图中墓主至少应该属于家中有人为官的富裕农户一类。

持钺骑吏（一）

［原石来源：米脂征集］
［原石纵横：93cm×31cm］
［选裁纵横：24cm×26cm］

两千年的行程使得持钺吏和他的坐骑已经融为一体，难分彼此。钺为仪仗之首，持钺者常常走在仪仗行列的最前面。

持钺骑吏（二）

“风雪”出行图

画像石长埋于地下，笔墨描画出的车辕和缰绳很容易被侵蚀掉，留下许多无辕之车和无缰之马，此图便是。不同的是侵蚀又似赐给此图一场大雪，于是我们看到一匹无缰之马拉着一驾无辕轺车从漫天雪花中驶出。

［原石来源：绥德征集］
［原石纵横：40cm × 254cm］
［选裁纵横：15cm × 32cm］

三乘四吏出巡图

第三章　农耕

陕北汉画像石存续的年代虽然短暂，但属于一个生活稳定、农耕欣欣向荣的时期。农业生产在那一时期得到了全面发展，享有很高的社会地位并受到普遍重视，产生了与中原地区不相上下的农耕技术。陕北汉画中自成体系的农耕图案对此进行了形象的实物描述。当时的许多土著大户在离世之际，最留恋的应该就是自己富足的农耕生活。他们将这种留恋刻石成画，带到另一个世界去炫耀并希望重现时，也无意中留给了我们一些史料价值和艺术价值极高的陕北汉画像石。

放牧图（局部）（中国国家博物馆藏石）

［原石出土地：绥德县保育小学］
［原石纵横：36cm × 251cm］
［选裁纵横：18cm × 62cm］

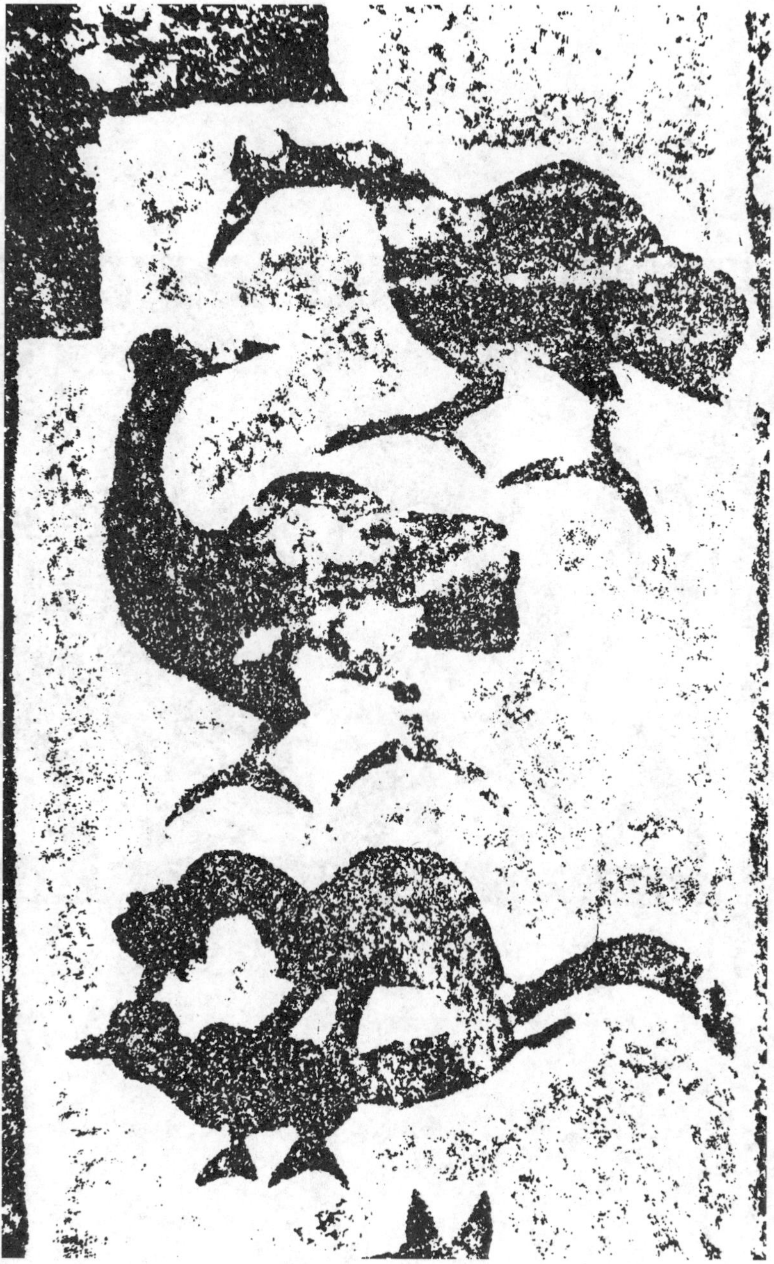

禽戏图

［原石出土地：绥德延家岔］

王得元墓牛耕图

画面上格为牛耕图，耕者一手举鞭一手扶犁，繁茂盘曲的大树破框而出，象征风调雨顺；下格刻绘出一片茁壮的谷穗，象征丰收在即。画幅不但有浓郁的生活气息，而且颇具装饰风格，是陕北汉画在国内最具影响力的代表作之一。（中国国家博物馆藏石）

［原石出土地：绥德县保育小学］
［原石纵横：137cm×26cm］
［选裁纵横：50cm×26cm］

播种图

农夫高大强壮，扶犁扬鞭，在前耕地；孩子身材矮小，提着一袋种子，在后认真点播。（西安碑林藏石）

［原石来源：绥德征集］
［原石纵横：116cm × 52cm］
［选裁纵横：26cm × 44cm］

[原石出土地：绥德延家岔]
[原石纵横：135cm × 51cm]
[选裁纵横：34cm × 46cm]

收割图

墓主有两重身份，被揖拜时是官，有人给他收庄稼时是富有的农户，这两种身份并不矛盾，拿俸禄并不影响置产买地当地主。持镰者短衣尖帽，应该是雇工之类，正准备收割谷子。

双牛抬杠

两头牛用鼻绳和抬杠控制间距，犁铧的形状以及与抬杠的连接一目了然。从目前的考古发现来看，与单牛拉犁相比，双牛抬杠才是汉代基本的耕地方式。（西安碑林藏石）

［原石出土地：米脂官庄］
［原石纵横：106cm × 35cm］
［选裁纵横：53cm × 32cm］

农车出行图

加长的前后车辕和半高的车帮是典型的农用车特征，这种车载物运肥最为相宜，这里却用来载人。从人物发型和帽型来看，牛车所载为女眷，马车所载为不宜骑马的老年男性。车前车后有三位士卒携弓戟护送，可见农车并非是在干农事，而且路途并不太平。比较妥当的解释是农车正被官府征用，或者农车本身就是兼任地方官吏的富户所有，正在士卒的护卫下拉上眷属去探亲访友。

农舍窗棂双鹤图

［原石来源：米脂征集］
［原石纵横：37cm × 163cm］
［选裁纵横：24cm × 142cm］

宰羊图

持刀人在专用的木架上宰羊剥皮。家禽不知道害怕，在旁边看热闹，狗在持刀人身后耐心地等着羊下水，肥母猪欢叫着带领两只卷尾巴小猪跑过来。整幅画面洋溢着富足和欢愉。

［原石出土地：绥德延家岔］
［原石纵横：38cm × 234cm］
［选裁纵横：18cm × 64cm］

拾粪图（一）

［原石来源：绥德征集］
［原石纵横：94cm×33cm］
［选裁纵横：19cm×31cm］

捡拾粪便在现代人看来难登大雅之堂，在陕北汉画中却频频出现，而且仅限于捡拾马粪。这表明当时的耕者已经意识到肥料在促进粮食丰收中的重要作用，更表明大量的驻军提高了当地马匹的拥有量。（西安碑林藏石）

拾粪图（二）

上框为代表祥瑞驱邪的嘉禾铺首，下框是拾粪者与家禽。两者处于同一块画像石，似乎此时的拾粪者已经上升为丰年的保护神了。

[原石出土地：米脂党家沟　老拓]
[原石纵横：129cm × 68cm]
[选裁纵横：65cm × 29cm]

树下母子马

［原石出土地：绥德延家岔］
［原石纵横：38cm × 267cm］
［选裁纵横：22cm × 66cm］

老树居中，树冠舒展，枝叶茂盛。乘凉的牛已起身离开，母马带两匹小马来树下避暑，有两只公鸡在母马左右溜达。

置斧牛耕图

［原石来源：绥德征集］

耕地时带上斧头是为了在耕地的间隙砍柴。此图的绘画风格与本章的《三人放牧图》及《锄地图》完全一致。据此可以肯定，这三幅汉画出于同一位画师之手。

倚树马棚

〔原石出土地：绥德延家岔〕

马棚倚老树而搭，老树枝叶繁茂，浓荫蔽日，两位灵仙流连其中。那时的庄园种树成风，老树因为可以引仙招财、庇护庄园而备受保护和推崇。

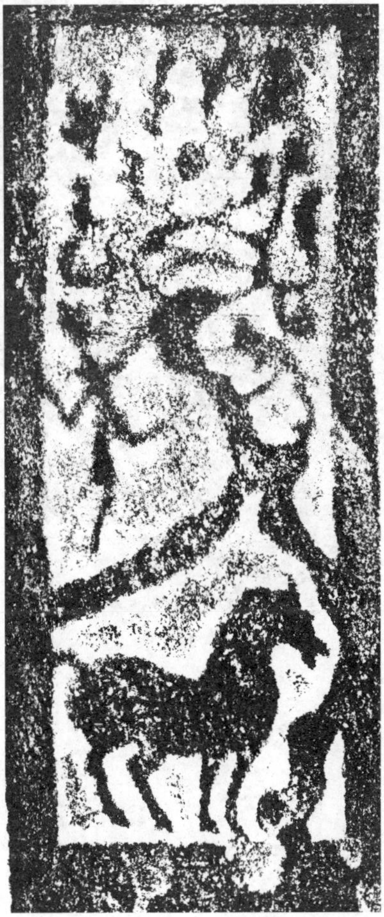

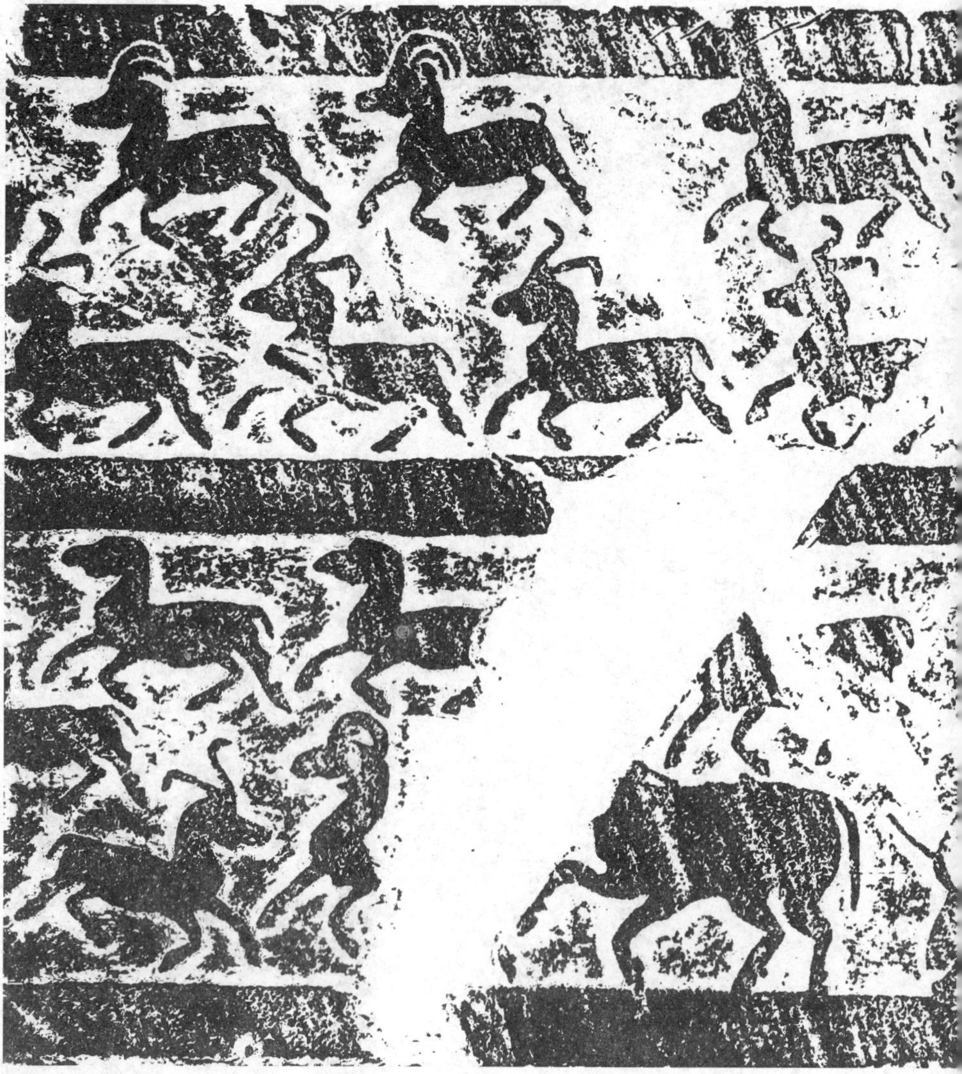

三人放牧图

牧群中有大牛小牛、大马小马、山羊绵羊。上框的牧人携斧，放牧的间隙要砍柴；下框右侧的牧人携鞭；第三人在下栏中部，是个小孩，也携鞭。

［原石来源：绥德征集］
［原石纵横：38cm × 236cm］
［选裁纵横：38cm × 80cm］

收牧图（局部）　（西安碑林藏石）

［原石来源：绥德征集］
［原石纵横：36cm×179cm］
［选裁纵横：18cm×36cm］

[原石出土地：绥德白家沟]
[原石纵横：112cm × 28cm]
[选裁纵横上：53cm × 28cm]
[选裁纵横下：57cm × 28cm]

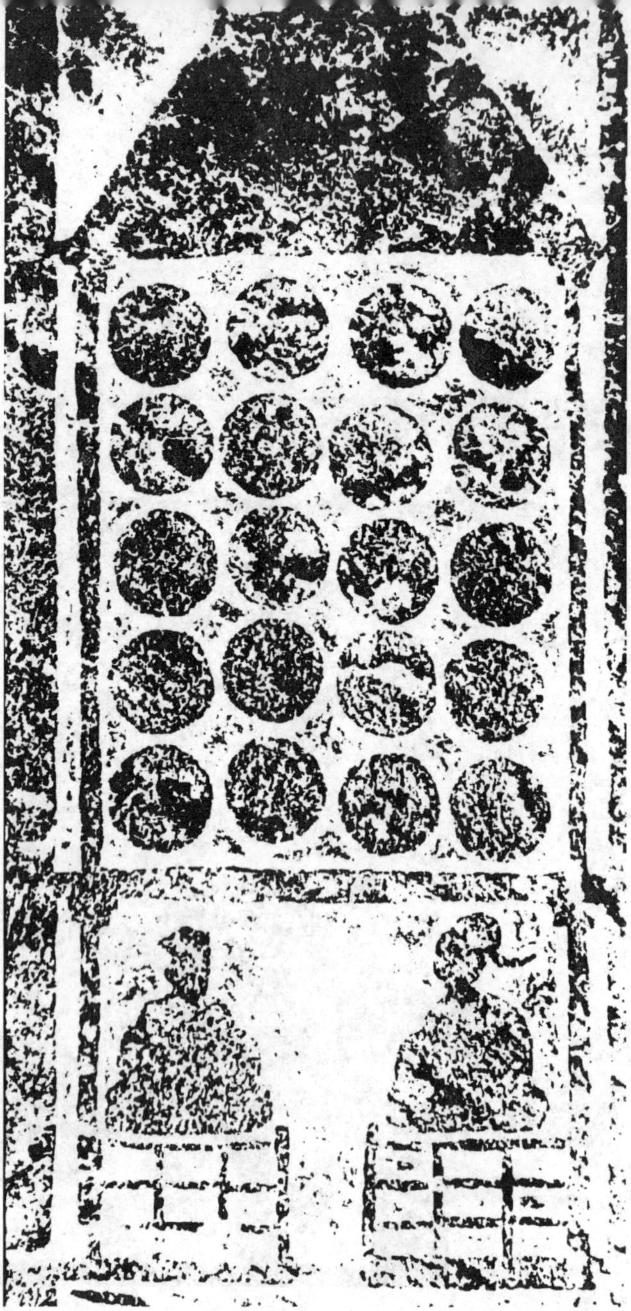

锄地图（上）

右图为锄地图的下半部分，两男两女挥锄落地，有树从旁斜出，树上挂着盛水的葫芦，树下立着盛饭的瓦罐。有家狗追逐而过，有两只鸡徘徊于地头，在翻整过的土地上啄食。斧头就在地边放着，收工时要砍一捆柴带回家。一男一女坐在扶廊后看着他们锄地，这两人应该是土地拥有者夫妇，锄

锄地图（下）

地者应该是他们的雇工。此图想表达的场景远比我们看到的广阔，主人应该是坐在高楼扶廊后，看着高峁低坡上许多给他们挥锄劳作的雇工，并享受土地的收获带给他们的满足。左图（锄地图的上半部分）就将这种满足毫不遮掩地表达出来——高大的谷仓被装满粮食的圆形器充填得严严实实，富足之状溢于言表。

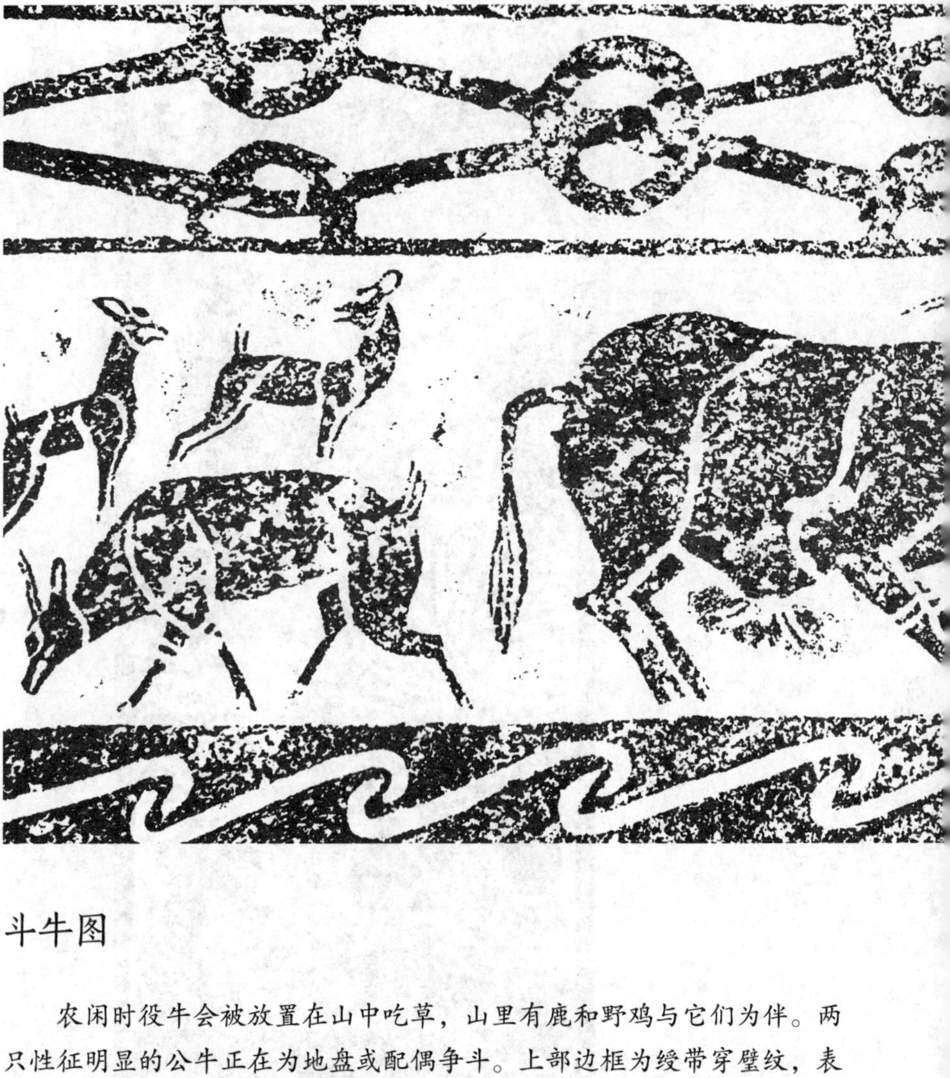

斗牛图

农闲时役牛会被放置在山中吃草，山里有鹿和野鸡与它们为伴。两只性征明显的公牛正在为地盘或配偶争斗。上部边框为绶带穿壁纹，表达富贵；下边框为勾连纹。

［原石出土地：绥德四十里铺］
［原石纵横：33cm × 186cm］
［选裁纵横：31cm × 68cm］

牛驾辇车（一）

陕北汉画的图案基本都有边框，当创作与边框发生冲突时，边框会被石匠毫不犹豫地用阴线突破。（中国国家博物馆藏石）

［原石出土地：绥德保育小学］
［原石纵横：141cm × 29cm］
［选裁纵横：17cm × 29cm］

牛驾辇车（二）

牛车旁有三禽并行，应该是富有农户的自家用车。

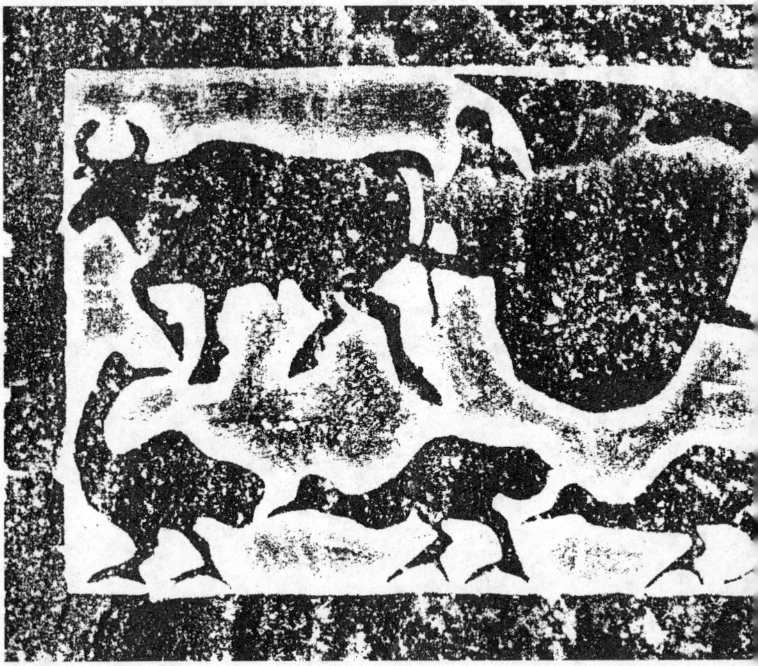

第四章 生活 战争

把生活和战争放在同一栏目，是因为陕北汉画像石本来就产生于战争间隙，一次战争的记忆还没有忘却的时候，另一次战争又逼到眼前。组画《履历图》、《献俘图》和《归家对图》就是对这种状态的真实描绘。但即便和平如此短暂，陕北各民族的先民们依然用画笔横涂竖抹，述说着他们对和平生活的珍惜和向往。陕北汉画中表达历史故事的画幅不多，这应该与它地处北疆、远离当时的政治文化中心有关，本章选了《二桃杀三士》和《孔子见老子》两幅。

履历图（局部）

宴飨图

此图分上下两栏，下栏左房有门紧闭，左男右女两宾客在里面盘腿屈膝，交手而欢。门外有辎车相待，驭手长鞭前指，驾辕之马宽蹄细腕，体态浑圆，大眼烁烁。树有枝无叶，表明此时是冬季。树下有随行武士，戴尖顶高冠，胯下为牴羊。房内女眷应为乘辎车来访的客人。右房有宾客两人相向而坐，中置一案，案上竹箸数根，右者伸手取箸，左者单手高举。右房外有吏倒挂佩剑恭候门前，其后马夫持鞭牵鞍马伫立，他们在等候房内主人兴尽而归。两房外檐均铺瓦，房顶有阁楼，一柱贯通两层，独耸于

［原石出土地：绥德圆子沟］
［原石纵横：40cm × 136cm］

楼阁之上。柱顶有雨棚，雨棚下悬挂着猎获的雉和野兔。两只公鸡在阁楼上踱步鸣叫。阁楼右侧，两只山羊在乌云低垂的田野上奔跑。整幅画面满溢着官宦农家的富足。而这样的家宅自然会客来客往，宴飨不断。有些陕北汉画像石的图案是用模板制作的，这样就导致了许多不同墓主的画像石上的图案出现雷同。有的模板还可以竖框横额均用，导致了图案内容的颠三倒四。本图上栏左侧的羽仙弄云便是竖框模板横额用，于是三只灵鹿颠倒着出没于云纹。（西安碑林藏石）

宴飨图（局部）

［原石出土地：绥德圆子沟］
［原石纵横：40cm × 136cm］
［选裁纵横：34cm × 44cm］

驻马相聚图

下框中老树枝叶繁茂，树下有马槽，树上有六鸟或停或飞。马夫举弓射鸟，弓无箭，似为弩或弹子弓。树上悬挂马具，表明这里平时马来马往。农家并不太用马，这里更像军将和官员的停留地。中框五人，三侧两正，似在击掌咏唱，表明众人驻马院中后，主客在屋里相聚吟唱。上框为百戏中的钩镶对卜戟以及盘舞，说明饭前酒后还有百戏助兴。

［原石出土地：绥德四十里铺］
［原石纵横：112cm×32cm］
［选裁纵横：42cm×35cm］

归家对图（一）

［原石出土地：绥德白家山］
［原石纵横：130cm × 48cm］
［选裁纵横：46cm × 44cm］

楼上窗扇半开，一女默然而坐思绪满怀；楼下母子在屋檐下牵手游戏，他们不知道有亲人远途归来，已经到了门前。

归家对图（二）

［选裁纵横：38cm×48cm］

佩剑者头戴三梁进贤冠，带着随从，风尘仆仆回家见妻小，已来到自家门前。多年未归，不清楚家中的变化，他反而脚步踌躇。连年征战迫使他抛妻离子，以至于一次回家探亲的经历也成为他难以割舍的记忆，必须刻石入画，陪伴他度过阴宅里的岁月。

归家对图（三）

［原石纵横：130cm×48cm］
［选裁纵横：26cm×29cm］

回到家里的男主人换下官服，身着便装，与女主人拥机而跽，互道思念。女主人百感交织，低头垂泪。由于男主人的归来，家中又充满了欢乐。随从们拉开阵势，相互间搂肩抓胯，以角抵取乐，女主人抱着孩子坐在一旁观看。角抵者两旁立放的物件在履历图中也出现过，可能是他们随身携带的护身或者马鞍。

庖厨图

画面由左而右分为三部分，左为绶带穿壁纹，右为勾连纹，中间自上而下依次为翼龙、杀猪、宰羊、汲水、烤肉、炖肉的场景，整个画面犹如一幅连环画，形象地再现了汉代贵族和豪富家庭的厨事情况。

［原石出土地：绥德四十里铺］

［原石纵横：98cm×30cm］

［选裁纵横：75cm×25cm］

投壶醉酒图（一）

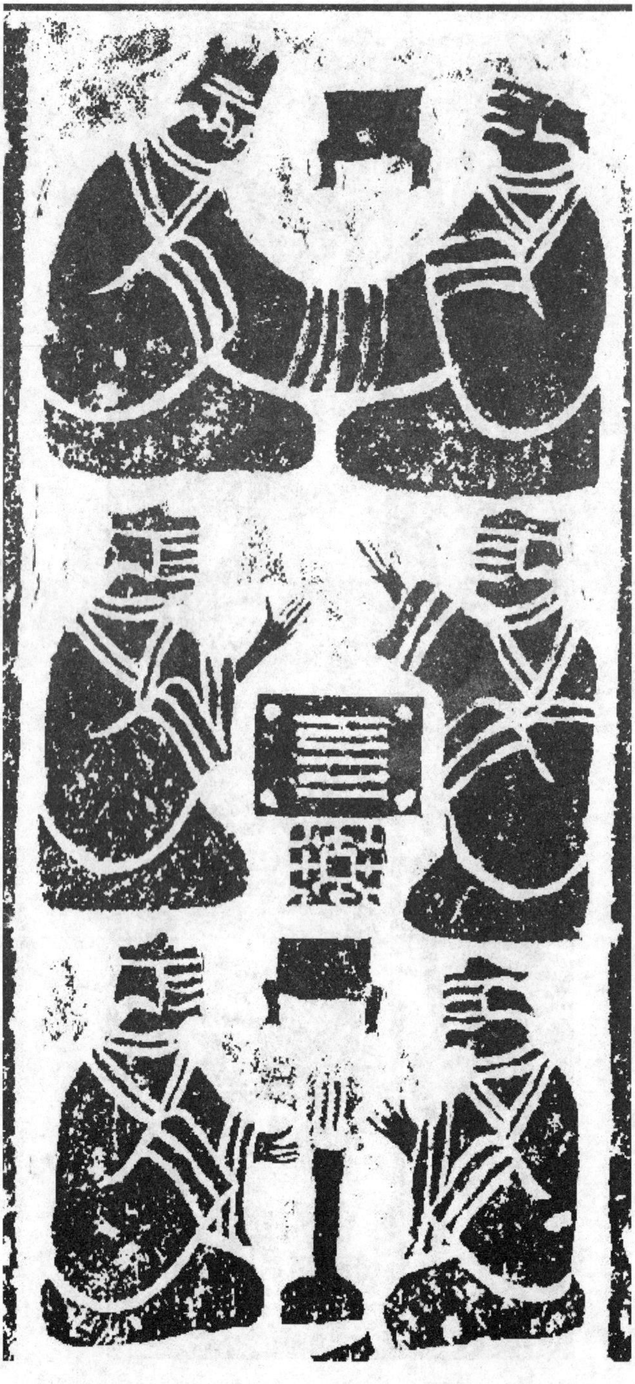

[原石出土地：绥德四十里铺]
[原石纵横：98cm×30cm]
[选裁纵横：30cm×18cm]

自上而下的三组人物可能是在描述一组人物的三种行为，分别为袖中算指、六博棋、投壶。走棋前要划拳决定先手。棋盘分两部分，很清晰，据此可以复原，但不很清楚具体下法。投壶是用来赌酒的，相当于我们现今的划拳，但要儒雅多了。投签为竹制，投中多少决定饮酒多少。

投壶醉酒图（二）

［选裁纵横：30cm×18cm］

这三组人物紧续上图。酒饮多了就会醉态百出，先是拿着投签舞动，再就是语无伦次、词不达意。最上一组还可以说是上图的那两个人，下两组右侧的醉酒者帽形有变，据此可以判断进行投壶赌酒游戏者不止两人。

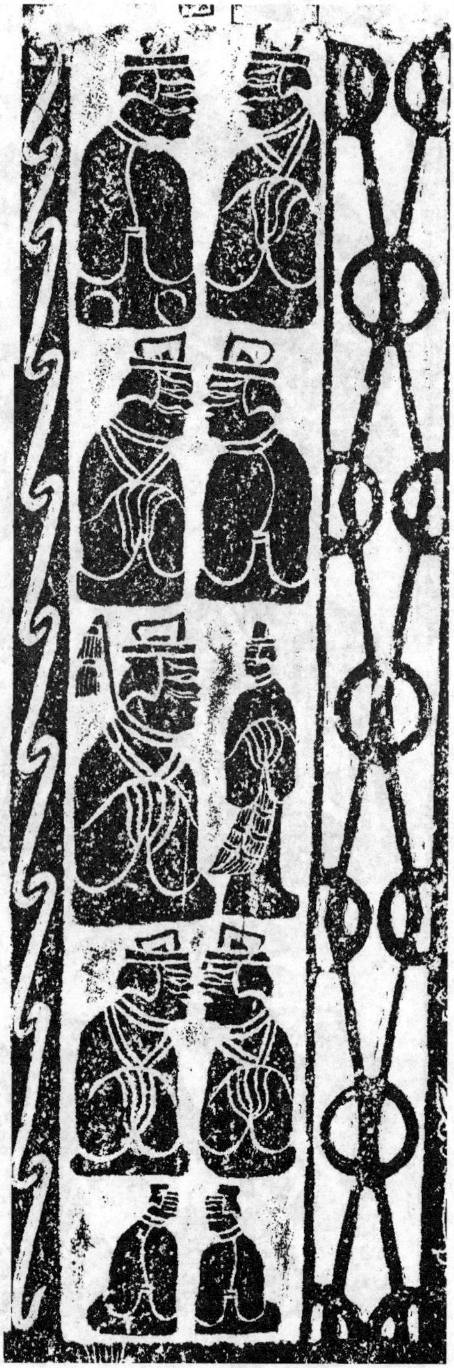

辩经图

由于儒学各个学派传承不同，于是对儒家经典内容、版本出现不同角度的理解。画面反映的似乎为群儒讨论儒家经义的一个场景，前两组是跽坐扶膝方和跽坐袖手方相辩，第三组持幢节者代表上层表达意见。有了上层的意见，就没有必要再辩下去，还是前两组的人，袖手的找袖手的，扶膝的找扶膝的，双方各自开始总结辩经心得。

［原石出土地：绥德四十里铺］
［原石纵横：99cm×31cm］
［选裁纵横：75cm×19cm］

辩经图（局部）

［选裁纵横：16cm × 16cm］

辩到激烈处，就会缩短距离，鼻子顶住鼻子，哪怕唾沫星子乱溅，也要正襟危坐，不露双手，保持君子风度。

二桃杀三士（左）

春秋时齐景公有三勇士被齐相晏婴用『论功食桃』的计谋杀死，此图左半部分描述的是三士争盘中二桃的场景。两位勇士正在盘中争桃，无桃可夺的另一勇士悲愤欲绝，晏相国回头观看事态发展，齐景公持剑等待收拾残局。

［原石出土地：绥德四十里铺］
［原石纵横：29cm × 160cm］
［选裁纵横：17cm × 57cm］

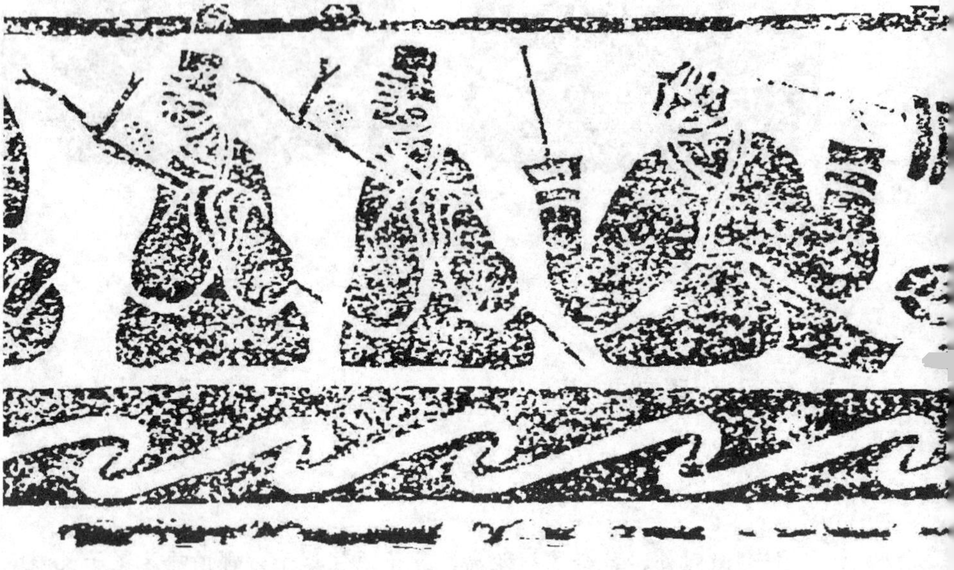

二桃杀三士（右）

此图右半部分描述的是现场旁观者，这两人看到了悲剧的发生，又无计可施，只能坐地举箸悲歌一曲，低头甩袖舞姿凄凉。

［选裁纵横：17cm × 57cm］

左向单骑

孔子见老子

［原石出土地：绥德刘家沟］
［原石纵横：88cm × 34cm］
［选裁纵横：65cm × 34cm］

此图共有四组人物。第一组人物中双手抱于胸前、抬头面右站立的居左者应为老子。持见面礼——“雉”的应为孔子，正弯腰向老子施礼。中间一身材矮小、手推“鸠车”的小孩应是被后世尊为“圣公”的七岁孩童项橐，他是春秋时期鲁国的一位神童。由老子微张的嘴、手持见面礼的孔子及头向上仰直视孔子的项橐，可以看出画面强调的是故事中两人见面初期彼此寒暄的场景。这一组人物构图简洁，主题突出，仅保留了问礼过程的关键性标志。第二组人物为钩镶斗械。第三组中跪地者向站立者讨教或请示。第四组的两人均持槌做敲击状，表明在画幅外还有编钟陈设。整体看来，后三组人物是为第一组人物服务的。（西安碑林藏石）

履历图

此图可能是目前国内最早的一幅连环画，画幅由右至左，从墓主人的孩童时代开始，分阶段重点描绘，直到其成为统领一方的军将。以下将画幅中的内容由右至左划分成八个部分，以第一人称分别加以描述。我们有理由相信，此图的构想应该在逝者生前，他将自己最难以忘怀的往事历数于画工，并且感动了对方。于是，才有了这幅内容翔实、描画简洁的杰作。

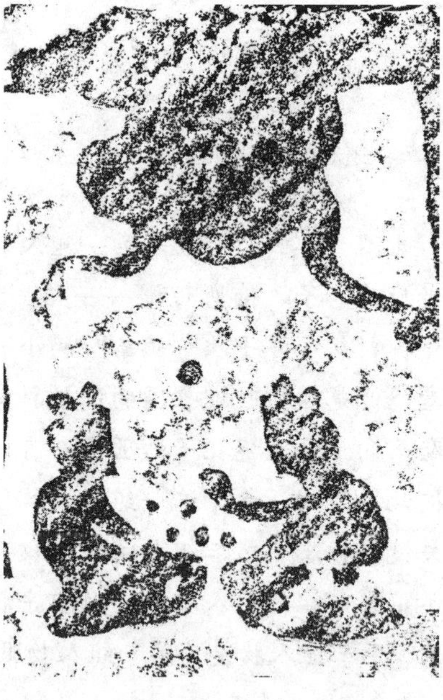

履历图（一）

我和她是青梅竹马、两小无猜，我们经常在一个帐篷里玩掷羊拐。羊拐取自羊腿，有四个不同形状的平面，七个一组抛来抓去。

[原石出土地：绥德白家山]
[原石纵横：35cm × 270cm]

履历图（二）

我二十岁时父母按照当时的习俗给我结发加冠，完成了我的成人仪式。我自己端着盘子，接住请来的大宾象征性地给我削下的头发。下来他会给我盘一个成人的发髻，父亲会给我换一顶成人的帽子。

履历图（三）

结发后不久，我娶了妻子，她就是我幼时掷羊拐的小伙伴。我将我们的亲密坦露在你们面前，我们亲密的时候甚至来不及脱下帽子。

履历图（四）

好景不长，家族里出现了矛盾，并且很快发展到打斗，又是抡棒子又是揪头发。

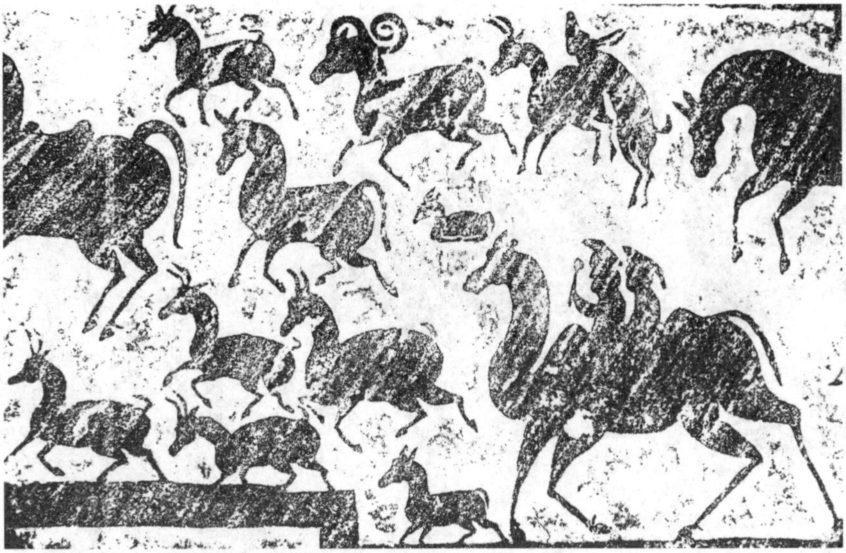

履历图（五）

也可能是家庭矛盾导致了家境败落，我们的大小牲畜被两个骑着骆驼的异族人以某种理由驱赶而去。下图就是他俩的放大图像，他们属于凹凸面孔族群，与我们平坦面孔族群混居在北方边地。他们有时和我们共同组成军队，一同打仗、一同出巡。（参看献俘图和出巡坠马图）

履历图（六）

平静的日子很快就结束了，战争又回到我们身边，我应召从军，赶赴战场。妻子亲手给我缝制了一件厚皮革的护身，千叮咛万嘱咐地送我上路，我俩『握手一长叹，泪为生别滋……生当复来归，死当长相思』（摘自东汉古诗《结发为夫妻》）。

履历图（七）

参加战争是我一生中最重要的一段经历，游牧族群与农耕族群常常成为交战双方。我和弟兄们骑着战马，奋勇作战，在惨烈频繁的战争中出生入死。这里描画的是一次战争中的小局部，我们正在追击逃跑的敌人，有的敌人被砍下了头，有的中箭倒伏，有的被长戟扎中头颅即将掉下马背。剩余的敌人想奔向山林藏身，岂不知我们的弓弩手早已埋伏在那里。

履历图（八）

在与敌人的生死搏斗中我立下了累累战功，数年后我成了统领一方的将军。不打仗时我就带领军士们去山里打猎，他们有的搜寻于山顶，有的追逐于山腰。每次出猎我们都会有丰盛的收获，被我们追逐的野兽纷纷从浅山逃进深山。那里山高林密、少有人烟，野兽们在那里可以无忧无虑地生活，而这种生活也是我所盼望的。

王威墓题记

［原石出土地：绥德黄家塔］
［原石纵横：38cm×196cm］
［选裁纵横：37cm×37cm］

铭文居墓门横额中部，阴刻方篆体，共十四字——使者持节护乌桓校尉王君威府舍。

王威纵马图（右侧）

截取于王威墓题记右侧，狩猎的组织者骑马右出，回头观望，一对鹿和一只野兔在猎手的追逐下狂奔到他面前。

［选裁纵横：19cm × 91cm］

王威纵马图（左侧）

截取于王威墓题记左侧，骑手应为王威本人，他驱马缓跑，骑姿平稳，回手摇鞭更显飘逸，雌雄两鹿迎面而来，双方相安无事。上栏绘利爪兽齿云纹，正好与他的护乌桓校尉的身份相符。

［选裁纵横：37cm × 82cm］

驯马图（一）

横额斗牛图右框。马戴胜披锦，正被鞭打调驯，前腿下的竖条是石材边沿，画师让马头大幅度向后扭转以克服石材所限，因此更显得此马桀骜不驯。

[原石出土地：绥德四十里铺]
[原石纵横：31cm×188cm]
[选裁纵横：29cm×20cm]

驯马图（二）

[选裁纵横：29cm×27cm]

横额斗牛图左框，马戴胜束鞍，似乎已被驯服。

讲经图

东汉各郡县都办有学校，设置经师，给授业弟子讲授五经，这幅画表达的就是授经场面。学生的专注与讲师的神采飞扬表现得极为真切。

〔原石出土地：米脂官庄　老拓〕
〔原石纵横：140cm × 44cm〕
〔选裁纵横：23cm × 33cm〕

献俘图

要用有限的画面去描绘一场边境战争，只能选一个最有代表性的场景，“献俘”这一截面选得极为精彩。战场归来的两队骑手驱马携弓从右边框连贯而出，上排骑手疾驰，似为报捷；下排骑手漫步，似为押解。他们占据了五分之四的画面，让我们立即感到战争的规模和血腥。左侧是献俘场景，虽然只占了五分之一的画面，但胜者的骄横和败者的卑微

［原石出土地：米脂官庄　老拓］
［原石纵横：140cm × 44cm］
［选裁纵横：29cm × 33cm］

主仆四人图

左侧为主人，长袍宽袖，似在询问或布置。中间长裙拖曳、身材端庄的两人为妻妾，表现得毕恭毕敬。右侧梳有两个发髻的为奴婢仆人一类。

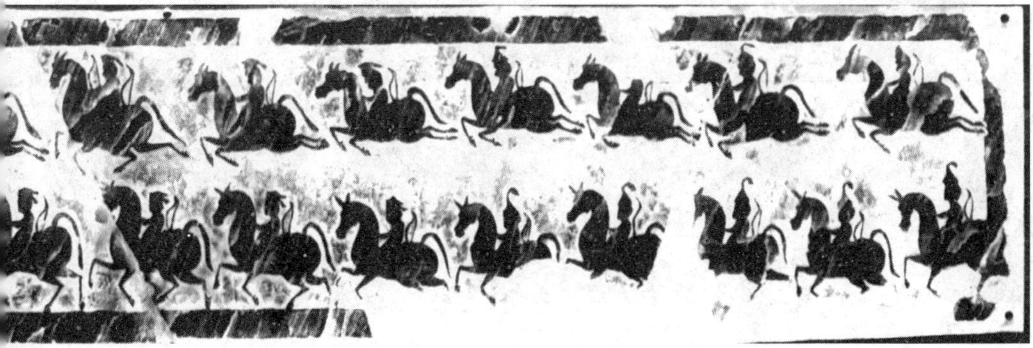

［原石出土地：绥德白家沟］
［原石纵横：35cm × 272cm］

凄惨却表露无遗。坐榻之上华盖之下可能是掌握着俘虏生杀大权的墓主人，他以远大于常人的体形炫耀着自己的地位，震慑着面前那些跪地受刑和反剪双手的俘虏。途中骑手帽型分平顶单辫、平顶双辫和顶缨三种，应该是两种以上的民族组成的军队，不同帽型的人物其面貌特征往往也有所不同，这种组合在多民族混居的东汉北部边境极为普遍。

献俘图（一）

统领面孔平坦，帽型独特，为尖顶单辫、顶缨前倾，俘虏和行刑者均面形凹凸，束发无帽。

献俘图（二）

骑手携双弓，帽型为平顶单辫，这种帽型的骑手大多为凹凸面孔。

献俘图（三）

献俘图（四）

骑手帽型为平顶双辫，这种帽型的骑手面孔平坦。

献俘图（五）

骑手顶缨帽型，面孔平坦。

贵妇图

右边上下两幅图取自同一组画像石里的同一对竖框。两位女性衣裙鏨花，发髻高雅，一坐一立，表现的应该是同一人，很可能就是墓主夫人的形象。右上图下方有人炊厨，表明夫人平时负责管理安排家人的饮食和生活起居。

［原石出土地：绥德四十里铺］
［原石纵横：　cm×cm］
［选裁纵横：　cm×cm］

扶杖门吏

［原石出土地：绥德四十里铺］
［原石纵横：　cm×cm］
［选裁纵横：　cm×cm］

杖，本来是一件极为普通的生活用具，但在两汉时期，被赋予了辟邪打鬼和尊老敬老等不同的含义。画面中一人头戴巾帻，身子前倾，扶杖站立，显然此扶杖者为门吏。

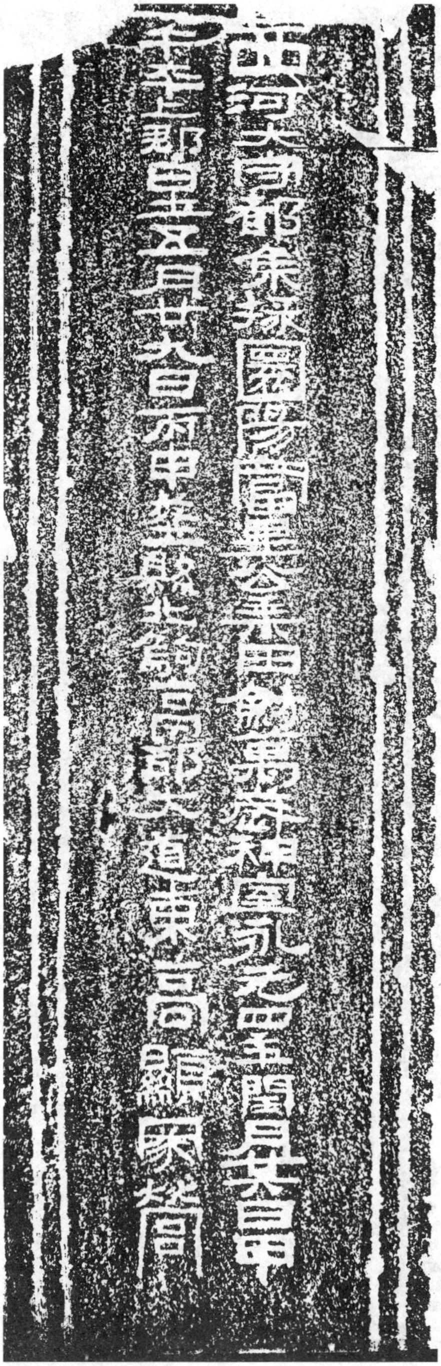

田鲂为西河郡郡府中诸曹吏员之一，于永元四年（公元 92 年）闰月卒于上郡白土县。五月二十九日他的灵柩被移送到县北安葬，人们担心他的灵魂不能陪同灵柩一路随行，于是请来歌妇为他唱起了招魂歌，并将这首歌刻在了他的墓铭上。

田鲂墓铭题记

西河大（太）守都集掾圜阳富里公乘田鲂万岁神室永元四年闰月二十六日甲午卒上郡白土五月二十九日丙申葬县北［鸱］亭部大道东高显冢茔。

［原石出土地：绥德四十里铺］
［原石纵横：98cm × 19cm］
［选裁纵横：55cm × 11cm］

田鲂墓铭《招魂赋》

哀贤明而不遂兮，
嗟痛淑雅之□年。
去白日而下降兮，
荣名绝而不信。
精浮游而□□兮，
魂□□而东西。
恐精灵而迷惑兮，
歌归来而自还。
掾兮归来无妄行，
卒遭毒气遇凶殃。

译文：

你为官贤明却早逝让我们悲伤，痛苦的妻子怎样度过今后的时光。惨淡的太阳正在徐徐下降，但我不相信你的英名会就此消亡。你的精神在踉踉跄跄中浮游，你的灵魂在雾霭中飘荡。我们不愿看到你的精灵迷惑于途，请你听到歌声后快回到我们身旁。快点回来吧，不要再四处游荡，以免在邪气四伏中遭遇祸殃。

［选裁纵横：40cm × 19cm］

第五章　神话人物

东汉时期的人们事死如生，相信灵魂不灭，死亡只是去往另一个世界生活的开始。另一个世界不在天上便在地下，能够羽化成仙在天际间遨游自然是人们最大的期盼，所以描绘天界神话的画幅极多。这些神话并没有太多的情节，更多的是人们对远古神话所表达的天界的认知和想象。因为社会角色的不同，这种认知和想象也不尽相同，有时会有很大的反差。

捣药玉兔与西王母

［原石出土地：米脂官庄］

穹盖下一墙两隔：右侧西王母戴胜，肩生弧形羽翼，正面端坐，穹盖边沿悬挂着已经制好的不死之药，这些药就是左侧的长耳玉兔捣制出来的。

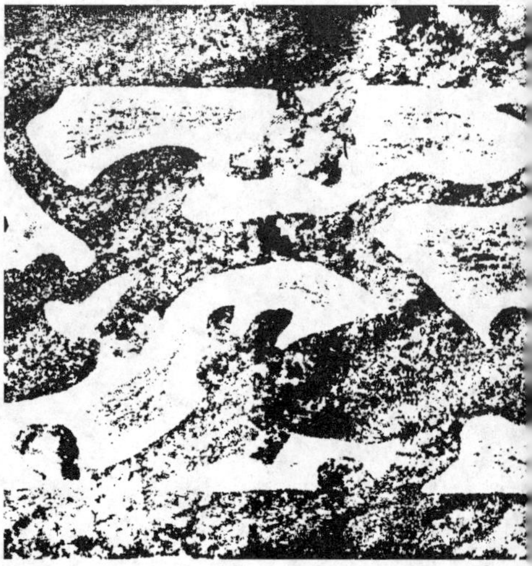

翼龙驾云车

［原石出土地：绥德张家砭］
［原石纵横：386cm × 166cm］
［选裁纵横：20cm × 40cm］

一人乘坐翼龙所驾云车，车顶有华盖高悬，两位灵仙骑灵鹿紧随其后。翼龙前爪高举，前面是云纹中变幻出的一只巨兽。巨兽双角，两眼圆睁，双爪触地。此种连贯衔接的图案多为模板制作，因此在出土的陕北汉画像石的图案中多有雷同，但不同的埋藏条件导致的不同侵蚀纹让它们各具风采。（西安碑林藏石）

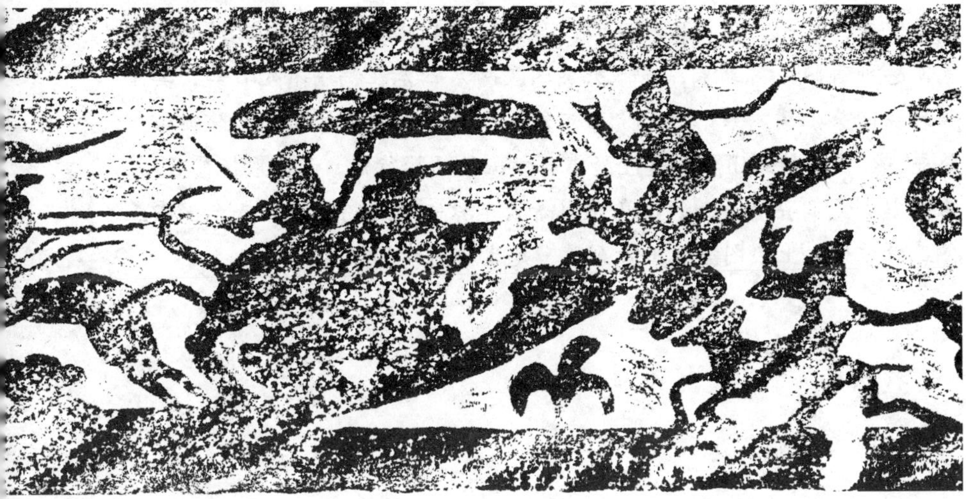

墓主拜见西王母

［原石出土地：绥德刘家湾］
［原石纵横：38cm × 168cm］

西王母戴胜跽坐，左侧是侍应神，右侧应该是从人间来到天界的墓主。他手捧礼物，虔诚地跪在西王母旁，身后是鸡首羽神和三足乌。九尾狐感到有陌生人到来，在低头嗅闻。两只玉兔在捣制不死之药，其中一只在回头张望。第三只玉兔在击筑。一只肥大的蟾蜍正举起鼓槌敲打肚皮，那声音传到下界便是隆隆雷声。斑豹两腿行走，两前爪抚琴开路，琴声中有灵仙弄璋。三只阳乌导引着云车驭手随斑豹西行，云车里东王公正襟端坐。上栏图案为玉带穿璧，是生前富贵和权势的象征。

西王母

西王母戴胜，大眼眶，正襟跽坐，两位侍者和一位鸡首神祇持嘉禾在旁侍候。不清楚西王母为何需要如此大的眼眶，可能是想表现她对人间万物的洞察能力。

［原石出土地：绥德四十里铺］
［原石纵横：30cm × 159cm］
［选裁纵横： 22cm × 43cm］

云车东王公

东王公坐于云车，两手紧握车帮，在驭手和三只阳乌的引导下开始了天界之游，目标可能是去会见西王母。前方有两位灵仙平坐于灵鹿背上为他开路，打头的灵仙一手拿扇，一手拿规矩；随后的灵仙手扶鹿角，长羽飞扬。两鹿之间带底座的羽状物不知做何种用途。

［原石出土地：绥德］
［原石纵横：29cm × 260cm］
［选裁纵横：16cm × 48cm］

牛首东王公

牛首东王公慈祥和蔼，端坐于悬圃，与对面的鸡首西王母默然相视。下方的独腿鸟在昆仑山上轻声鸣叫，连接天上人间的是巨大的扶桑树，有龙盘绕于树腰，张牙舞爪。此龙可能就是牛首东王公的云车御驾，此时正在享受闲暇。

［原石出土地：米脂党家湾］
［原石纵横：110cm×34cm］
［选裁纵横（左）：98cm×27cm］
［选裁纵横（右）：98cm×38cm］

竖框一对（局部）

鸡首西王母

一向严谨端庄的西王母在这里变成了『鸡婆』，她坐卧于悬圃，张嘴展翅，似乎要鸣叫着飞向对面的丈夫。悬圃下三鸟环飞于扶桑，神鹿奔走于山顶。竖框右栏中云纹贯穿上下，异兽出没于云端。

［原石来源：米脂征集］
［原石纵横：115cm × 38cm］
［选裁纵横：92cm × 38cm］

伏羲女娲与门吏

伏羲女娲均宽袍大袖，蛇尾，露手脚，脚有三趾。伏羲左手持谷，右手持灵芝，寓意丰收吉瑞；下方是护卫门吏，持戈。女娲右手持扇，左手持驱网，寓意住家舒适平安；下方是清扫门吏，拥彗。这是陕北汉画中最精致的一对伏羲女娲图，岁月的无形之笔带给它们太多的艺术沉淀，使得任何有形的评论都显得苍白。

伏羲女娲图（局部）

去掉了伏羲女娲的蛇尾蜥爪，只取上身，他们就变成了两位普通的东汉先民。右侧的伏羲轮廓分明、冷静自信；左侧的女娲脸庞浑圆，娴静知足。墓门竖框若刻绘此类伏羲女娲图案，那么横额图案多用瑞羊居中，采用这种图案组合的墓主多为农家富户。（参看第六章《瑞羊居中图》）

[原石出土地：绥德刘家湾]
[原石纵横：125cm×30cm]
[选裁纵横：28cm×22cm]

女娲图

女娲人身蛇尾，手持『规矩』，寓意在一个等级社会里，要想过一种安定的生活，行为举止不能逾越社会规范，要和自己的身份相符。

[原石出土地：绥德]
[原石纵横：97cm×28cm]
[选裁纵横：35cm×26cm]

羽化成仙图（一）

这一对已经羽化成仙的夫妻过着幸福的生活，他们住在天宇琼楼，左侧有九尾狐听候使唤，右侧有白兔给他们捣制不死之药。代表日月的金乌、蟾蜍在楼外盘绕。一株高大的灵芝和一株小巧的灵芝在楼里楼外遥相呼应。他们的地位比羽人高，所以他们可以像西方的天使那样长出独立的翅膀，而不用像许多羽人那样将羽毛长在手臂和身上。

［原石出土地：米脂党家沟］
［原石纵横：38cm × 158cm］
［选裁纵横：20cm × 33cm］

羽化成仙图（二）

［原石出土地：米脂官庄］
［原石纵横：41cm × 172cm］
［选裁纵横：21cm × 55cm］

玉兔硕大，正在为来到天界不久的夫妻两人捣制不死之药。不清楚夫妻两人还要服用多长时间的不死之药才能羽化成仙，进而长出独立的翅膀。制药的原料是灵芝仙草，正由硕兔身后的羽人送来。

〔原石出土地：绥德黄家塔〕
〔原石纵横：102cm×34cm〕
〔选裁纵横：47cm×22cm〕

护药侍者

西王母戴胜正面端坐于悬圃，其上有穹盖，穹盖两边垂挂药囊，药囊里是不死之药。两位护药侍者屈身举手护药，姿态优美。一位护药羽人持物在下方巡游。左框看似枯枝干叶，细看也是云纹异兽，只是描绘时的线条直硬了一些。

云车四驾（一）

全图共有四驾云车，此图为虎驾云车、兔驾云车和龙驾云车。虎驾云车上载有鼓与旗幡，两鼓手抡动鼓槌敲击，犍鼓前有翻腾羽仙。兔驾云车为怪兽驾驭，怪兽一手牵缰、一手舞鞭，身后的圆形穹盖罩于车顶，内坐导引之神，穹盖上有倒垂的灵芝仙果，车后有两位羽仙扛幡乘凤为云车护驾。最后面为龙驾云车，因石残，云车已无迹可寻，只剩下三条龙和系龙的缰绳。

［原石出土地：绥德延家岔］
［原石纵横：36cm×204cm］
［选裁纵横：20cm×102cm］

云车四驾（二）

鲸驾云车走在最前面，以缰绳计应有天鲸三条，两侧有羽仙骑灵兽开道护驾。

悬圃翼马图（局部）

悬圃翼马图

扶桑树脱落了全部枝叶，只剩下光溜溜的树身，孤独的仙鹤沿树身向上攀爬，树顶的悬圃在空旷中轻轻摆动，东王公头戴“山”字冠，百无聊赖地坐在上面。翼马戴胜，孤零零地伫立于昆仑绝顶，在天界的寂寞中向熙熙攘攘的人间眺望。（西安碑林藏石）

［原石来源：绥德征集］

［原石纵横：100cm × 29cm］

［选裁纵横：左图 57cm × 29cm　上图 18cm × 23cm］

拱柱

龙尾成须状，绕柱而上，龙身上下的空隙处有两位羽人向上攀缘，柱顶是双目三牙的铺首。

［原石出土地：米脂官庄］
［原石纵横：97cm×15cm］

灵兔送药

灵兔人形，双耳高耸，肩后下摆披羽，举着药臼和捣药的木杵，正把制出的不死之药递给东王公。穹盖上有一只金乌，悬圃下有四只灵兽，一位羽仙坐于扶桑的拐突处，朝上抛出一条长绸。左右两栏有自上而下的云纹，右栏为虺纹，走势刚硬；左栏为蔓草纹，走势舒缓柔软。两栏图案刚柔并济，与主图绘画相得益彰。

［原石出土地：米脂官庄］
［原石纵横：107cm×51cm］
［选裁纵横：58cm×35cm］

图一

[选裁纵横：49cm×22cm]

图二

[选裁纵横：49cm×22cm]

图三

[选裁纵横：49cm×24cm]

[原石出土地：绥德]

[原石纵横：126cm×26cm]

竖框截选三幅

这三幅图选取于墓室左右竖框。其中图二与图三为右竖框的上下部分。图三中一朱雀合嘴静卧于博山炉顶，颈下有一灵怪似正在行窃，目的是逗朱雀开口，以便盗走朱雀嘴里含的那颗玉珠。博山炉下有不怀好意的硕鼠向上张望，对面的看护人有所觉察，张弓搭箭，正要向硕鼠射出。图二和图一的两只朱雀在护佑着祥瑞之树。两棵树上均有鸟窝，哺育中的鸟儿们快乐轻松。两棵树下均挂满渔猎所获。东汉边民对和平富裕生活的期盼在这一对竖框中表现得如此强烈，只有经历过连年战乱的人们才会有这种感受。

进阶对图（左）

［原石纵横：164cm × 53cm］
［选裁纵横：53cm × 53cm］

扶桑树中部的左右两侧有四位探求高深者在休息，其中两位坐在由树身斜伸出的平台上，还有两位侧旁而出，身下似为悬毯。平台下是昆仑山两座高耸的山峰，左下角是一棵繁茂的大树，但这些与直达天界的扶桑树相比就显得渺小至极了。

进阶对图（右）

对此对图有多种解释，但有一点可以肯定，此对图是在表达层层进阶的意境。高处的悬圃变得像个避雨避风的安乐窝，里面的老者长须，戴进贤冠。老者不像是东王公，更像是学识渊博的长者。整图似乎在竭力表现对某种玄秘人生观的探求。要探求高深的人生观，艰苦的攀爬是必须的，扶桑树的树腰上还为攀爬者留着可供休息的平台，等你进到花盖和仙蔓祥云环绕的悬圃里，也就是进入了老者所代表的最高学识的境界，有了聆听教诲的机会。

[原石出土地：绥德黄家塔]
[原石纵横：164cm×53cm]

力士托举图

［原石出土地：米脂官庄］

［原石纵横：115cm × 23cm］

［原石出土地：米脂官庄］

［原石纵横：115cm × 23cm］

蔓草羽仙图

第六章　云纹异兽

对天的崇拜古已有之，天永远是古人认为最神秘的地方，天空变化万端的云朵给他们带来丰富的想象，把这些想象描绘出来就成了云纹异兽的蓝图。陕北汉画中云纹异兽的图案数量最多，这类图案均有偏重点，或者更像云，或者更像兽。本章首选的《云纹异兽横额》颠覆了云纹异兽图的普遍规律，彻底模糊了这种偏重点，逼迫我们在似与不似之间发挥想象，在团团抽象中去组合实体。

云纹异兽横额

［原石来源：米脂征集］
［原石纵横：40cm × 182cm］
［选裁纵横：25cm × 127cm］

方壁云纹异兽

右下角有云团涌出，并迅速扩展，四只朱雀从云团中变幻而出，两条龙正从云团中挣扎出上身。（西安碑林藏石）

［原石出土地：绥德五里店］
［原石纵横：132cm × 114cm］
［选裁纵横：130cm × 98cm］

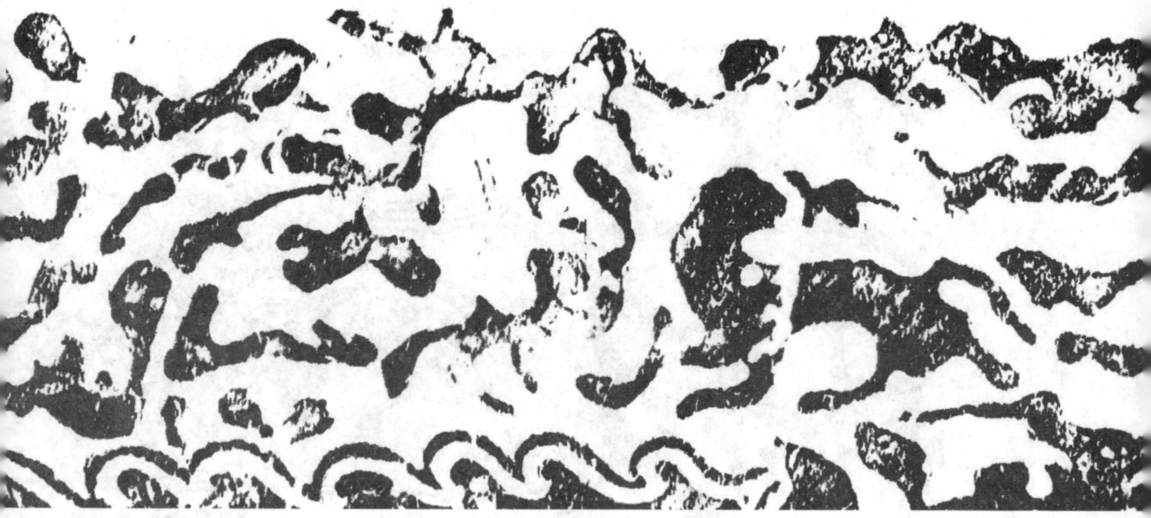

方壁天猎

左上角是翼龙，右上角是坐牛，其下是两只捕食的朱雀。居中的翼虎长尾卷绕，扬爪回首，对面的怪兽身着宽袍手舞足蹈。右下角云团突出，云团中两猎手引弓持矛，要冲入天庭狩猎。左下角那位循规蹈矩的吏被吓得背过身去，持彗的手仿佛在瑟瑟发抖。整个画面气势高昂，舒展酣畅。（西安碑林藏石）

原石出土地：绥德五里店］
原石纵横：121cm×116cm］

灵仙灵鹿

灵鹿是祥瑞之兽。居中的朱雀气宇轩昂，踏步振翅。两位羽人骑灵鹿相趋，两侧祥云团拥，整图洋溢着富贵吉祥。张扬于羽人身后的不是斗篷，是羽毛。

［原石出土地：绥德四十里铺］
［原石纵横：32cm×185cm］
［选裁纵横：32cm×94cm］

瑞羊居中

羊是瑞兽之首，以大体形出现在横额中时常常居中，别的灵兽只能做陪衬。这种布局是当地农耕文化的一种反映。当时的陕北，军农混杂，有许多人亦农亦兵，有的地方官吏既是军队统领，也可能是占有大量土地的农耕富户。他们对另一个世界的希冀更偏重于富足平安而远非征战和官场的铺排，所以在他们灵宅的画像石图案中，少有出巡狩猎拜谒，多有瑞羊放牧和农耕。

［原石出土地：绥德张家砭］
［原石纵横：46cm×193cm］
［选裁纵横：39cm×102cm］

方壁灵鹿

［原石出土地：米脂官庄］
［原石纵横：109cm × 85cm］
［选裁纵横：65cm × 50cm］

右下角的灵芝仙草扶摇而上，两只灵鸟轻快地飞舞，简洁明快的背景衬托出灵鹿的仙态神姿。

方壁羝羊

［原石出土地：米脂官庄］
［原石纵横：125cm×91cm］
［选裁纵横：88cm×58cm］

雄羊为羝，这只羝外形并不太像羊，嘴脸像骆驼，角像龙，阳具更是不知归属。除过企盼祥瑞，可能还有企盼子孙繁衍的含义。

悬圃须怪

扶桑顶端本应是悬圃的地方却出现一个毛须粗壮的灵怪。灵怪在飘动中变换着自己的形状，恐吓着下界的芸芸众生。似兔似猪的两只灵兽被吓得惊慌失措。

［原石出土地：米脂官庄］

［原石纵横：107cm×51cm］

［选裁纵横：42cm×25cm］

悬圃之初

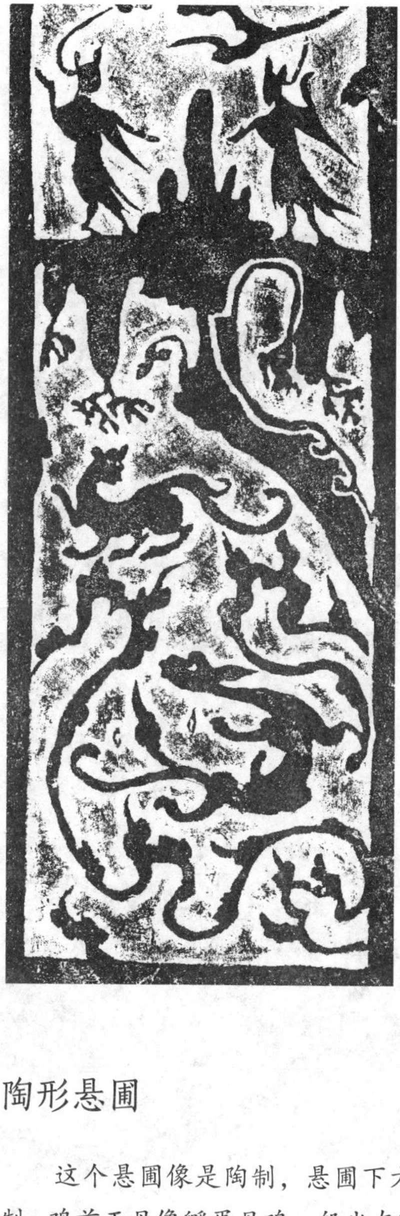

云团中龙虎盘旋，四目相视。扶桑的根系扎入下界，汲取营养，孕育着一个新的悬圃，两个灵仙围着初现形状的悬圃且吟且舞。新悬圃的产生不清楚意味着什么，可能是墓主人认为自己在人间地位显赫，因此要在天界给自己打造一个富丽堂皇的悬圃以代替人间的座榻。

［原石出土地：绥德延家岔］
［原石纵横：135cm × 45cm］
［选裁纵横：53cm × 22cm］

陶形悬圃

这个悬圃像是陶制，悬圃下方的扶桑树也像陶制，鸡首王母像孵蛋母鸡一般坐在陶碗似的悬圃里。

［原石出土地：米脂官庄］
［原石纵横：89cm × 39cm］
［选裁纵横：45cm × 25cm］

官庄汉画小框欣赏

［原石出土地：米脂官庄］
［原石纵横大约：92cm×46cm］
［选裁纵横大约：20cm×45cm］

官庄小框（二）

兔，狐，灵兽，星纹，云纹。

官庄小框（一）

灵仙，朱雀，灵兽，星纹，云纹。

官庄小框（四）

朱雀，兔，灵仙，灵兽，云纹。

官庄小框（三）

灵仙大耳长足，广袖长袍，双手扯住云絮奋力甩动，有十颗星星在云隙间闪出。

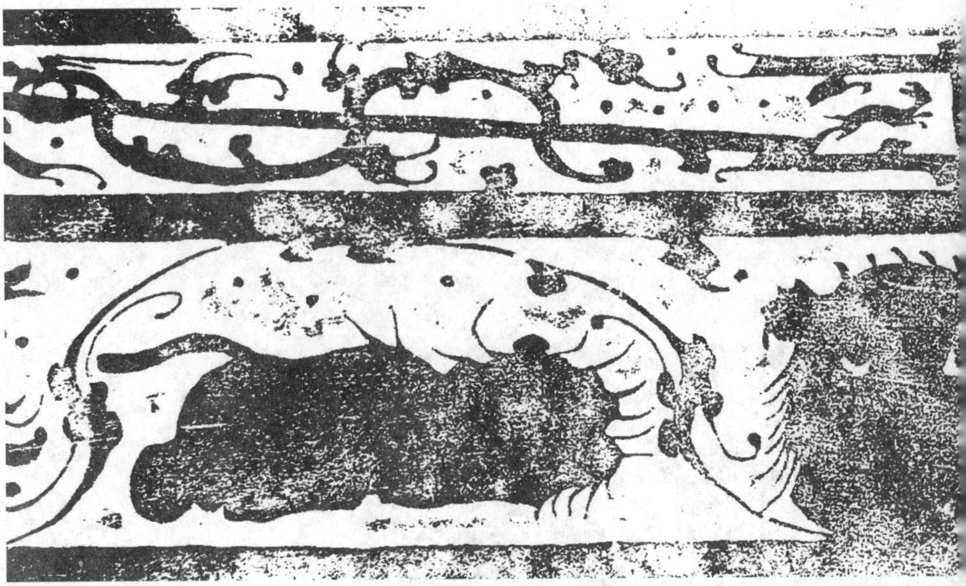

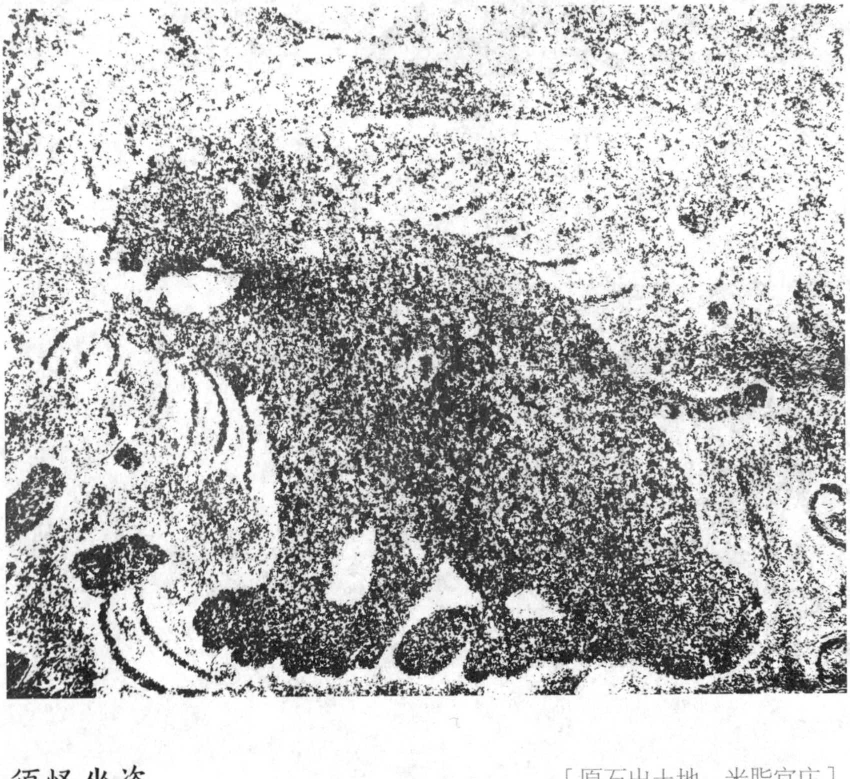

须怪坐姿

［原石出土地：米脂官庄］

三须怪

［原石出土地：米脂官庄］
［原石纵横：34cm×161cm］
［选裁纵横：22cm×92cm］

身体肥胖，须毛坚硬，轮廓清晰，姿态憨厚，属于早期的镇墓兽之类，但后来就逐渐演变得面目狰狞了。它们的作用都是驱邪。

藤蔓纹三异兽

［原石出土地：米脂官庄］
［原石纵横：95cm×23cm］
［选裁纵横：57cm×17cm］

灰兕驱邪

灰兕在陕北汉画中常出现，形状不一，大多是牛角、犀鼻、熊掌，为驱邪镇墓的灵兽。此灰兕发现一只豖怪企图骚扰墓主地下室宅，扬尾倾身向其发起进攻。豖怪不甘示弱，后缩张嘴做欲扑状。

［原石出土地：绥德黄家塔　老拓］
［原石纵横：105cm×31cm］
［选裁纵横：30cm×31cm］

神灵十七

天空对古人来讲是极神秘的地方，变幻莫测的云朵给他们带来丰富的遐想，此图极好地表达了这一遐想，有十七位神灵由云朵中幻化而出。

［原石来源：米脂征集］
［原石纵横：44cm × 172cm］
［选裁纵横：41cm × 92cm］

日图

阳乌居中为日，日出于东，日图位于代表东方的门楣右侧。

月图（一）

蟾蜍居中为月，与日图处于同一门楣。月落于西，月图位于代表西方的门楣左侧。

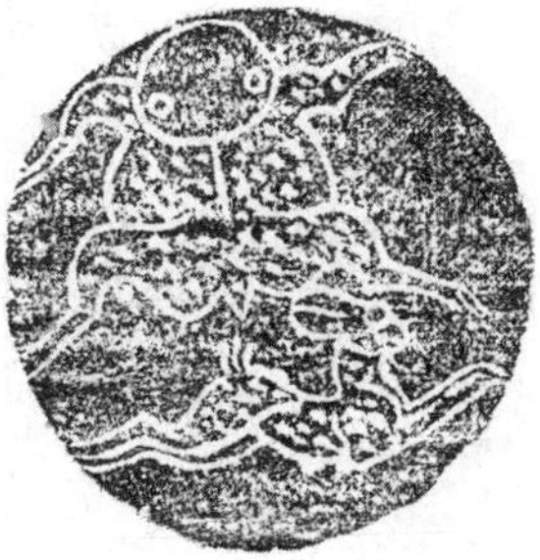

月图（二）

用简洁的阴线刻画出蟾蜍、玉兔轮廓，再配以点状錾纹丰满形象。这种雕琢手法更多使用在表现人物服饰的花纹时。

吹篪图

羽人大耳尖嘴，束腰宽袖，坐于繁茂的藤蔓间，双手持长篪轻吹。仙乐缭绕中，有青藤摇曳，有星光闪烁，有朱雀等灵兽闻声起舞。全图笔触华丽，线条舒畅，荡漾着一片仙乐神韵。

［原石来源：绥德征集］

［原石纵横：120cm × 23cm］

灵仙弄云

一条细长的如意云纹盘绕于天际，有灵兽仙鹤隐藏其中。下端的灵仙在回头张望，似乎要拉扯着云絮去另一个地方。

［原石出土地：绥德四十里铺］
［原石纵横：126cm × 37cm］
［选裁纵横：69cm × 15cm］

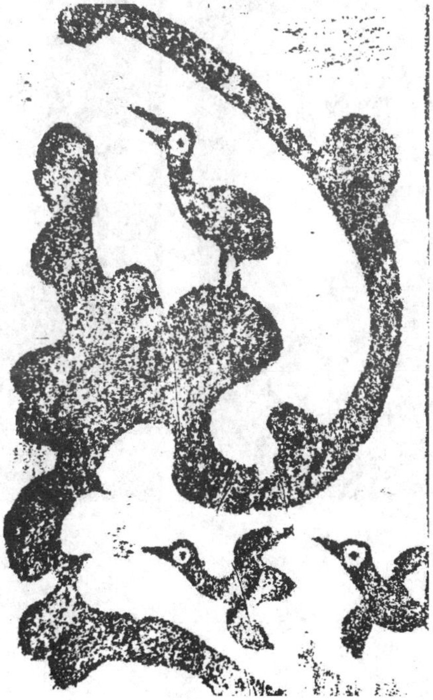

云中三鸟

小鸟个头不大，圆尾圆眼，在云纹空隙中最多见，相当于下界随处可见的麻雀。

老拓欣赏

本书的配文里注明“老拓”的拓本，是指在二十世纪七十年代初期，陕北汉画像石大量发现之际拓制的拓本。拓制这些资料的是西安碑林的老技师，他们的拓制手法严谨传统，选墨用纸讲究，经他们之手制作的拓本墨色浓郁，层次清晰，细节毕露。正是这些老拓本的存在，才使我们在出土的画像石逐月逐年侵蚀消损之后，还能看到它们的初始面貌。我们在欣赏这些老拓本时会感到与历史靠得更近，甚至会感到东汉时期的陕北画师就在我们面前作画，石匠就在我们面前雕凿。感谢他们的共同劳作，给我们清晰地保留了一段遥远的记忆。那时民族杂居，战争频繁，和平短暂，他们就在这短暂的和平中给后世留下了一段文化的辉煌。

十叶饲马图

五枝饲马图

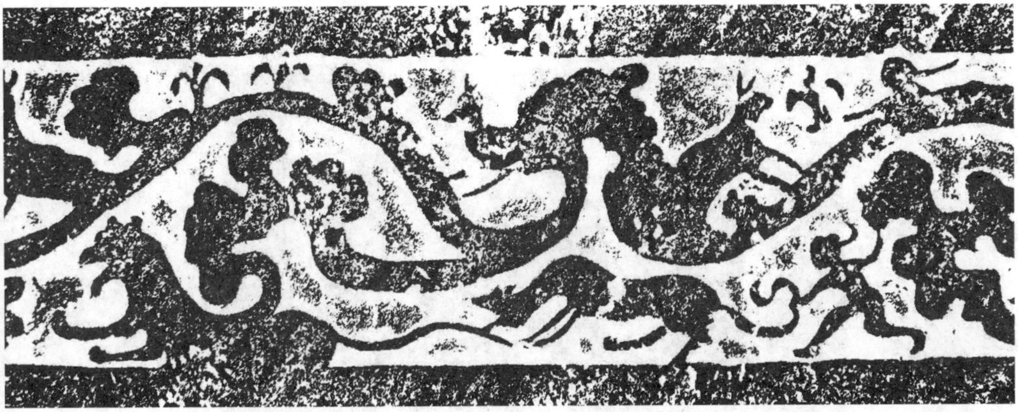

羽仙戏虎

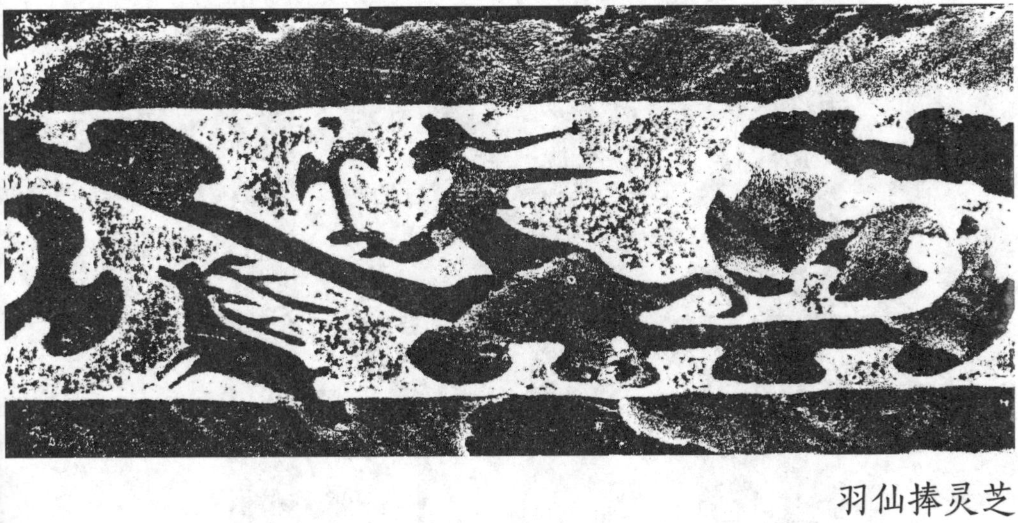

羽仙捧灵芝

翼龙白虎

双拜东王公

第七章　百戏

“百戏”是东汉时期对舞蹈、说唱、杂耍的统称。由于地域原因，这类题材相对不多，内容不太丰富，但表达手法直率、简朴、热烈，更像是民间娱乐。《四人戏》和《五人戏》两图均截取于米脂官庄画像石墓室壁，最具代表性。

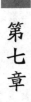

四人戏

五人戏

盘舞，钩镶卜戟对舞。

［原石出土地：米脂官庄］
［原石纵横：300cm × 120cm］
［选裁纵横：16cm × 35cm］

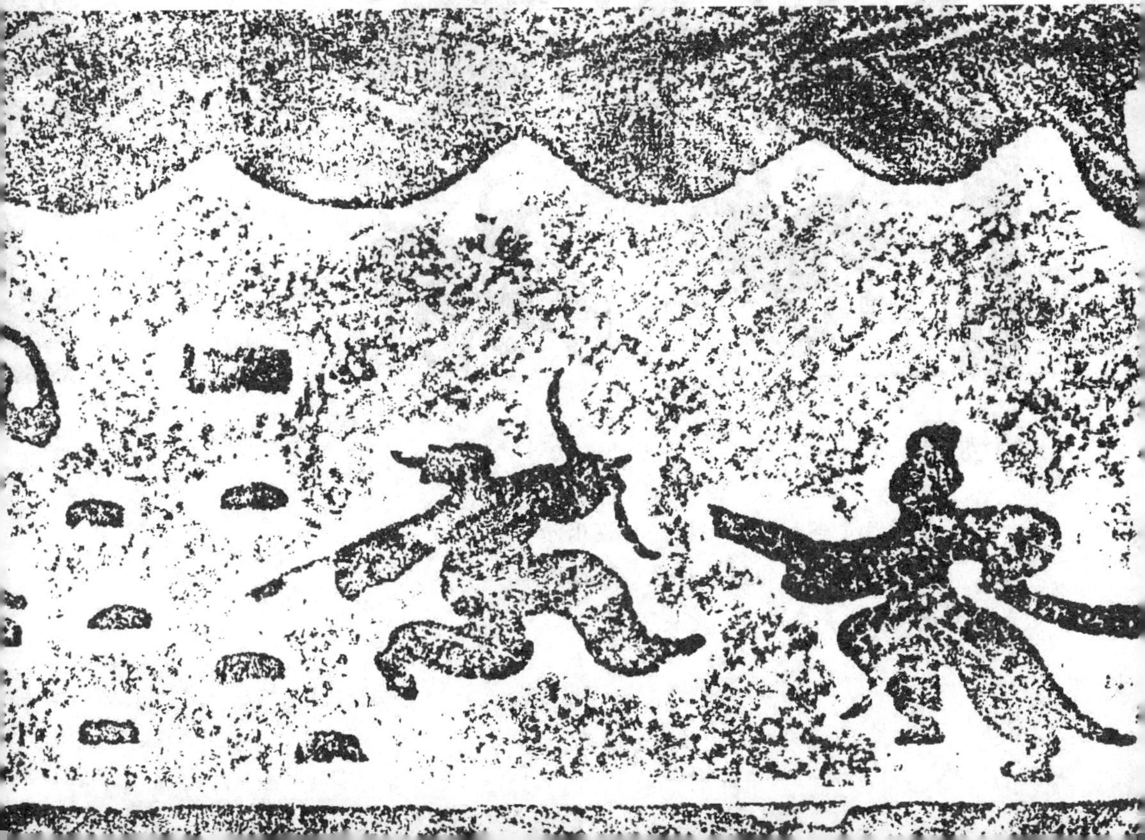

十人百戏图

图上有抚琴、长袖舞、盘上倒立、弄丸、吹笙等技艺表演。倒立者腰肢柔软，双手抓盘。弄丸者技艺不凡，十二个丸竟然可以在两手和两臂间共四个落点上循环起降。

［原石出土地：绥德］
［原石纵横：36cm×260cm］
［选裁纵横：32cm×71cm］

盘鼓舞

击鼓跳盘是当时大众化的一种娱乐活动，相当于现在陕北的锣鼓秧歌。表演时动作幅度要大，声音响亮，欢庆气氛浓厚。

［原石出土地：绥德］
［原石纵横：29cm×260cm］
［选裁纵横：14cm×41cm］

舞者与观者

观舞的夫妻俩坐在有双层楼檐的台上，看着台下的人歌之舞之。能独自享受百戏是一种地位和身份的象征，但并不等于羽化成仙后也能有此待遇。在那个时代，表演百戏的艺人身份低下，不属于可以羽化成仙的社会阶层。

阁楼百戏

阁楼舞台中，歌舞杂耍轮番上演，搬运道具的侍者沿梯而上，有仙禽四只居阁楼四周，有两位力士托举舞台。墓主人对自己生前的喜好难以割舍，企盼着将整个演出团队带入另一个世界。此画像石出土时色彩脱落殆尽，唯给搬运道具的侍者每人留下了一条朱砂绘就的红裤头。

［原石出土地：绥德］

［原石纵横：120cm×45cm］

［选裁纵横：56cm×40cm］

百戏六方格

平行的两方格为一组，第一组为钩镶卜戟对舞，这是由攻防表演形成的舞蹈，最早由武士扮演，直接以武服入场，后来演化成常备舞蹈，舞服渐渐有了变化，衣袖渐宽，腰眼部位垂下一条锦带。第二组为舞蹈说唱，跽坐的两人用击掌的方式打出节奏，同时还要配唱。第三组为打击乐，乐器有鼙鼓、木琴之类。

［原石出土地：米脂官庄　老拓］
［原石纵横：114cm×38cm］
［选裁纵横：55cm×38cm］

三人搏

［原石出土地：绥德］
［原石纵横：34cm × 166cm］
［选裁纵横：19cm × 59cm］

不是真正的打斗，而是表演。居中者一手持钩镶，一手举剑，步步紧逼。持戟者难以招架，步步退守，一脚踏空。左侧蹲者即将一跃而起，手中所持不知是何物。

第八章　吏

陕北汉画中的吏是很宽泛的一个概念，不同的吏有时地位相差悬殊。其中出现最多的是门吏、从吏、侍吏等，他们的身份仅比奴婢高一些；持节吏和神化了的龙首吏、牛首吏的地位就高多了。由于墓主身份的不同，各类小官吏站立的位置也会出现男女仆佣或农家护院人，这往往是当时的地主富户的选择，也是陕北汉画艺术所蕴含的浓郁的农耕文化的体现。

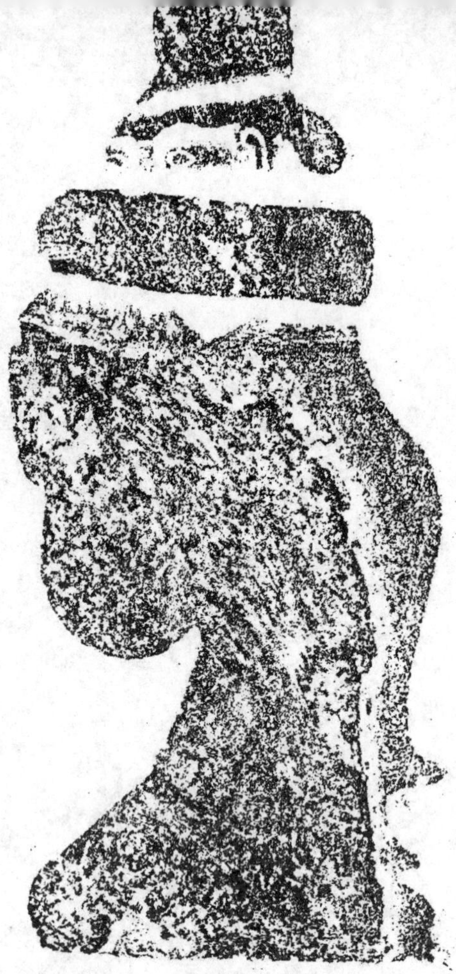

拥盾门吏

［原石出土地：绥德张家砭］
［原石纵横：118cm×38cm］
［选裁纵横：29cm×16cm］

武　吏

［原石出土地：米脂］
［原石纵横：92cm×46cm］
［选裁纵横：30cm×45cm］

左侧为武吏，身着盔甲，翘指按剑，威武轩昂。武吏对面似为军师，长袍宽袖，举止有度，老谋深算。此图舞台效果极强，似乎打上灯光，我们就可以看到两位身着戏装的国之重臣。

持彗吏

［原石出土地：绥德张家砭］
［原石纵横：132cm×36cm］
［选裁纵横：40cm×20cm］

彗就是扫地的笤帚，长年的风化侵蚀给这位持彗吏穿上了麻点密布、绒感极强的外衣，同时还侵蚀掉了他左眼的瞳仁。

双格持剑吏

［原石出土地：米脂官庄　老拓］
［原石纵横：88cm×38cm］
［选裁纵横：21cm×38cm］

剑长几乎等身，不仅是用来格斗，更多的是代表身份。

持节吏

节代表着中央政府的权威，有节可持的官吏应该是朝廷直接委派，由此可知墓主官阶不小，并为此自豪终生。持节者应该是墓主的随从小吏，他替主人持节，因此身上挂锦。

［原石出土地：米脂］
［原石纵横：102cm×28cm］
［选裁纵横：33cm×15cm］

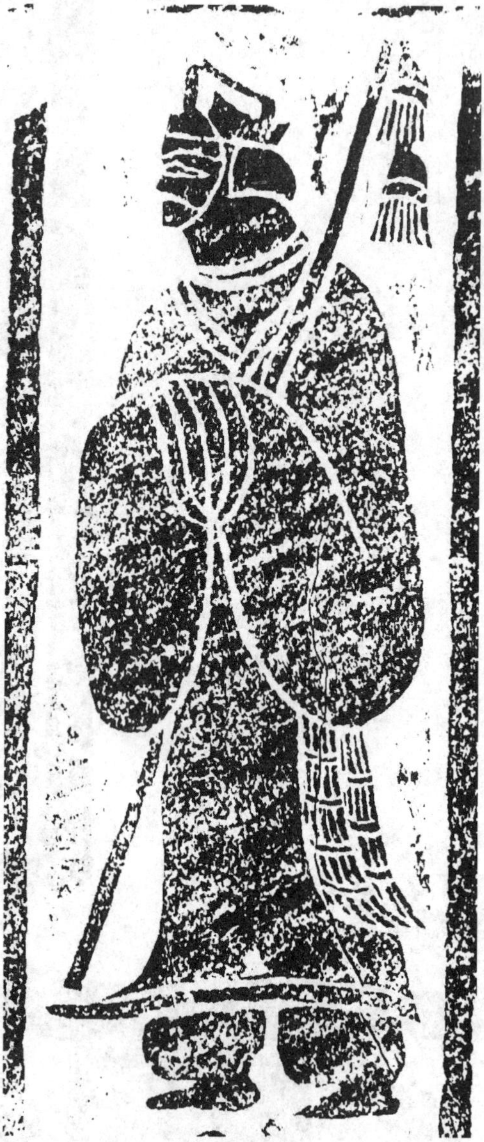

持戟吏

［原石出土地：绥德贺家湾］
［原石纵横：121cm×36cm］
［选裁纵横：87cm×25cm］

阴线勾勒，部分减底，是一幅雕工独特的汉画。（西安碑林藏石）

双门吏

［原石来源：绥德征集］

裁取于同一组门框，两吏衣着臃肿、姿态卑微，此种神态及造型的门吏在陕北汉画中较多见。

左右守护人

墓主应该是农牧富户，他更相信自己庄园的看家护丁，于是在门吏的位置上出现了两位短衣束腰的守护人。右者戴便帽，持彗屈膝，愁容满面；左者所持为殳，系富户看家护院的简单武器。

［原石出土地：米脂党家沟］
［原石纵横：116cm × 34cm］
［选裁纵横：31cm × 15cm］

牛首吏

东汉时期，为了稳定农业生产，再普通的役牛都受到保护，不许宰杀，牛的地位也因此得到提高。提高到裹袍佩剑、端立门框时，就不再是役牛，而是一个敦厚稳重的牛首吏了。

［原石出土地：米脂官庄］
［原石纵横：118cm×37cm］
［选裁纵横：53cm×33cm］

［原石出土地：米脂官庄］
［原石纵横：123cm×37cm］
［选裁纵横：58cm×19cm］

龙首鸡首双吏

被现在的人们尊为圣物的龙在东汉时地位很一般，可驾车，可被揪住尾巴戏弄，也可以像图里这样当一位游手好闲、夸夸其谈的看门吏。鸡不是作为家禽出现就是坐在悬圃上成为尊贵的鸡首王母，像这样裹袍挂剑去给人看护阴宅少有。看来在当时当地，再大的神灵也没有绝对的尊严，也要因人们的需要随时变换身份地位。两图裁取于同一组竖框下部。

岗亭持彗吏

他默默地拿着笤帚，等着给阴宅里的主人清污扫尘，这一等就是两千年。虽然岗亭已经破败不堪，寒风日夜裹身，但他还在坚持。

［原石出土地：绥德张家砭　老拓］
［原石纵横：117cm×33cm］
［选裁纵横：32cm×17cm］

持笏吏（一）

［原石出土地：绥德］
［原石纵横：122cm×38cm］
［选裁纵横：46cm×21cm］

东汉时的吏大多是夹在大人物和小人物之间的一种角色，他们为人处世严谨、呆板、循规蹈矩、不苟言笑，他们缺少大人物的自由和快乐，也缺少小人物的自由和快乐。

持笏吏（二）

［原石出土地：绥德］
［原石纵横：105cm×32cm］
［选裁纵横：36cm×17cm］

不是官袍破旧，是岁月将他消磨成了这个样子。

第九章 四灵

四灵是朱雀、玄武、青龙、白虎的统称，它们代表了祥瑞，可以辟邪。在现代生活中，四灵的形象常常以标志、纹饰等形态频繁出现，但那些形态均经过现代人的再加工，只能迎合现代人的审美观。这里选裁了多幅陕北汉画像石上的四灵图案，并把四灵概念范围加以延伸。将这些四灵形象留给我们的是东汉时期的陕北画师，他们的笔触间看不到丝毫造作。

玄武（一） 绥德老拓

玄武，民间也称龟蛇斗。秦汉时期，人们把龟蛇看成一种动物的两种形态，龟蛇相交也代表一种生殖图腾，后来逐渐演变成四灵之一，被人们尊奉为北方之神。这里选裁了五种玄武造型。其中玄武（一）将画幅外的石面纹路也收入，目的是想告诉读者，陕北汉画的欣赏有时也包括了图案四周的石面被同步侵蚀出来的纹路。

玄武（二）

玄武（四）

（西安碑林藏石）

〔原石出土地：绥德义合后思家沟〕

玄武（三）

玄武（五）

细腿龟单薄得像只甲虫，盘绕在细腿龟身上的蛇纤细得像条蚯蚓。上方是人首两头兽，身体相连，两头相背，抬腿迈步。（西安碑林藏石）

［原石出土地：绥德军刘家沟］

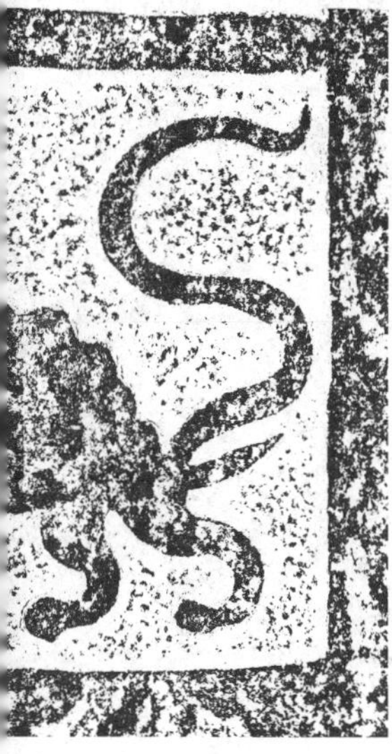

横额翼虎

虎背有翅的为翼虎，此虎回头长啸，声震天庭。虎前有大鼻兽俯首称臣，虎后有两位云中异兽躲藏；云上朱雀在鸣叫，云下朱雀在啄食。

竖框虎

米脂老拓

［原石纵横：129cm × 29cm］

［选裁纵横：24cm × 27cm］

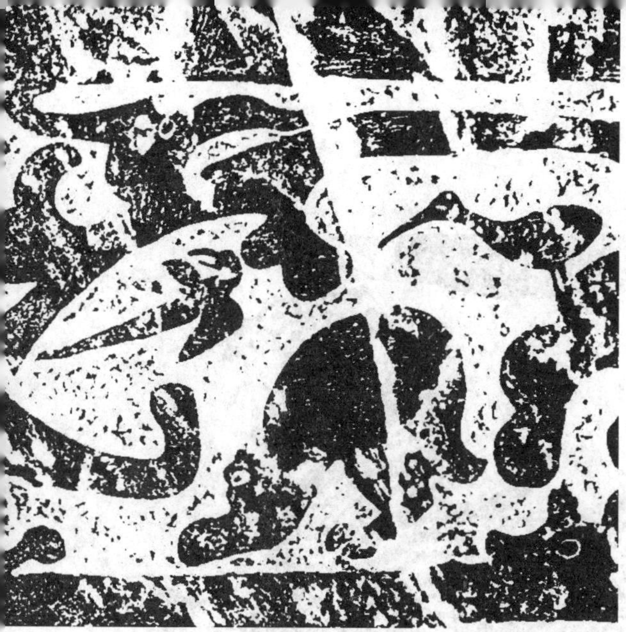

［原石出土地：绥德黄家塔 老拓］
［原石纵横：30cm × 150cm］
［选裁纵横：25cm × 84cm］

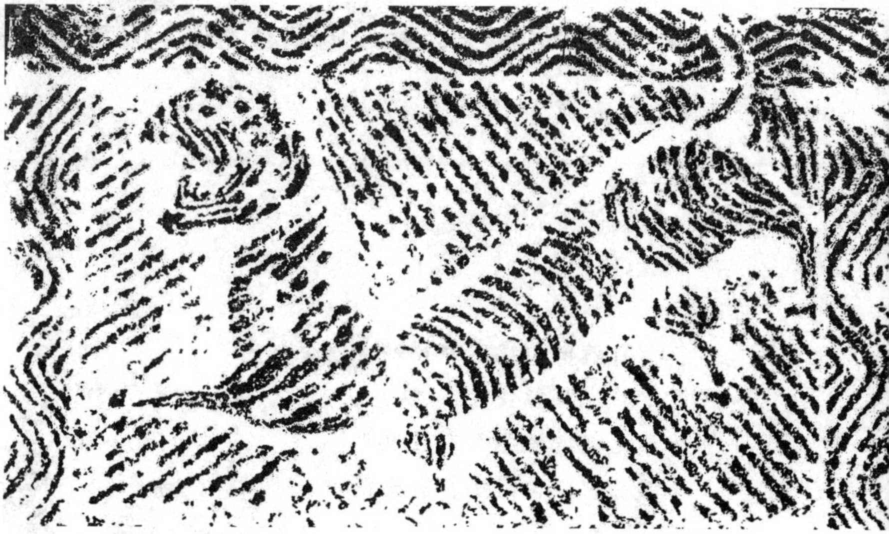

［原石来源：绥德征集］
［原石纵横：119cm × 53cm］
［选裁纵横：31cm × 53cm］

墓门线刻虎

在已经出土的陕北汉画像石中，唯有此墓门的图案全部由斜纹阴线雕凿而成，但在画像石艺术极为成熟的河南南阳地区，这却是一种很普遍的延续百年的制作方法。由此可以推测，陕北汉画像石出现的初期，曾有人试图引导当地石工模仿南阳用斜纹阴线的雕凿手法制造画像石，但因石料的不同（南阳画像石雕凿于石灰岩，陕北画像石雕凿于砂岩）和地域文化的差异，导致了这种手法被遗弃，并很快形成了独特的陕北汉画像石艺术风格。（西安碑林藏石）

门扇翼虎

［原石出土地：绥德］
［原石纵横：114cm×54cm］
［选裁纵横：35cm×54cm］

门扇中的虎不像横额竖框中的虎那样变化多端，大多都是这种造型，有区别也仅仅在肥瘦、大小、有无阴线刻画等方面。

横额虎

竖框翼龙

[原石出土地：绥德延家岔]
[原石纵横：137cm×45cm]
[选裁纵横：51cm×22cm]

翼龙双翅，雄性，钢矛笔直。东汉时期的龙只能算初期的龙，很多时候都更像一个长着龙头带翅膀的灵兽。

门扇侧龙

采用斜坡阴线、部分减底的手法刻制。朱雀铺首集中于门扇中部，翼龙偏置一侧，在众多的墓门中这种布局独此一扇。（西安碑林藏石）

［原石出土地：绥德贺家湾］
［原石纵横：113cm×43cm］
［选裁纵横：98cm×43cm］

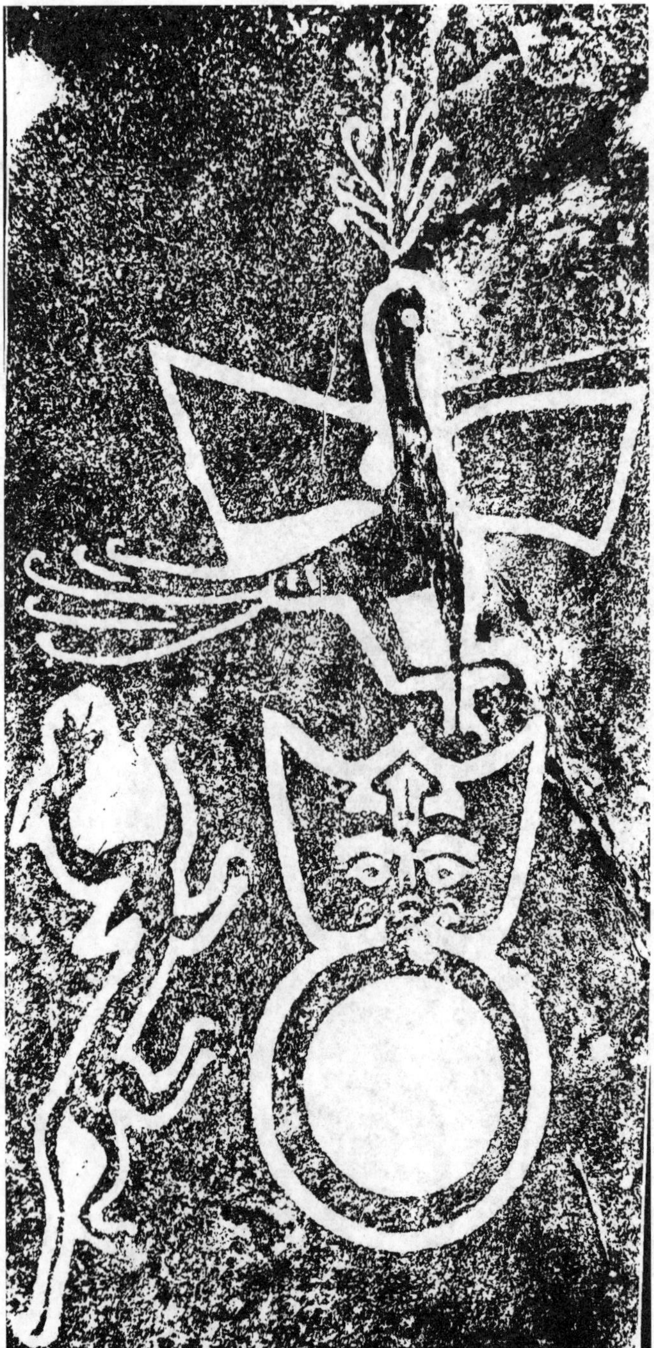

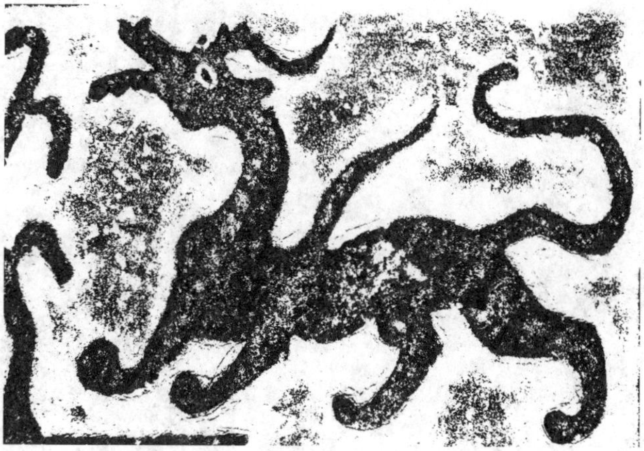

横额翼龙

门扇翼龙

门扇阴纹龙

［原石来源：米脂征集］
［原石纵横：124cm×36cm］
［选裁纵横：48cm×18cm］

［原石出土地：绥德延家岔］
［原石纵横：109cm×52cm］

正面直立朱雀

陕北汉画中的朱雀大多侧身，唯有这只正面亮相。古代画师用独特的构图，在狭长的空间里给我们留下一只跃动的朱雀。

单侧门扇

自上而下是朱雀、辅首、青龙。朱雀在门扇中的位置基本都居上。居中的辅首不算四灵，但经常与四灵为伴。在驱邪镇恶的时候，辅首的作用要更胜四灵一筹，所以辅首作为门环造型，历朝历代都被挂在各家的大门外。

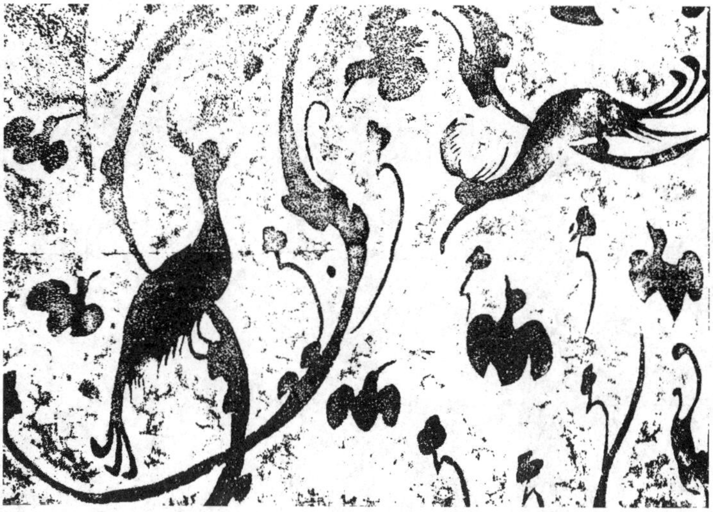

［原石出土地：米脂官庄］
［原石纵横：109cm×85cm］
［选裁纵横：46cm×61cm］

方壁朱雀

两只朱雀栖于仙藤，六只灵鸟环绕四周。朱雀是凤凰的前身，朱雀身旁有灵鸟环飞，后来就演变成了百鸟朝凤。

［原石出土地：米脂］
［原石纵横：42cm×176cm］
［选裁纵横：14cm×25cm］

横额朱雀

朱雀形态极为质朴，如果没有凤尾和头顶戴胜，那么就更像一只四处踱步找食的鸡。

竖框朱雀

［原石出土地：米脂官庄］
［原石纵横：100cm × 34cm］
［选裁纵横：49cm × 22cm］

仙风微拂，蔓草飘舞，朱雀的细羽凤冠随风轻扬。

门扇朱雀（一）

（西安碑林藏石）

门扇朱雀（二）

门扇中的朱雀大多是这个造型——身体侧立，头顶戴胜，口中含珠，双翅高扬，举抬一爪，朱雀身上原来绘有的羽鳞被侵蚀纹所取代。

门扇朱雀（三）

第十章　边框　下框

边框是指画像石横额两侧的方框，下框是指画像石竖框或竖壁最下面的方框。此两框中的图案呈独立的四方形，表现的内容并不划一，但艺术风格基本一致——讲究图案的布局，有很强的装饰效果。有许多两框图案用现代装饰艺术水准来衡量也近乎完美。

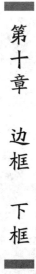

树下牛耕图

［原石出土地：米脂官庄］
［原石纵横：117cm×34cm］
［选裁纵横：34cm×34cm］

陕北汉画中共有六幅牛耕图，其中四幅都处于下框的位置。

五叶三鸟饲马图

［原石出土地：绥德县张家砭］
［原石纵横：132cm×36cm］
［选裁纵横：35cm×35cm］

马健壮机灵，勃勃有生气；树干扭曲变形，树下有槽；树叶密集成团，有三只鸟藏于叶中。整图结构巧妙，疏密有致，情趣盎然。陕北汉画像石的下框中饲马图或系马图很多，造型各异。为了便于区分，就以图中枝叶数量等特征来取名。

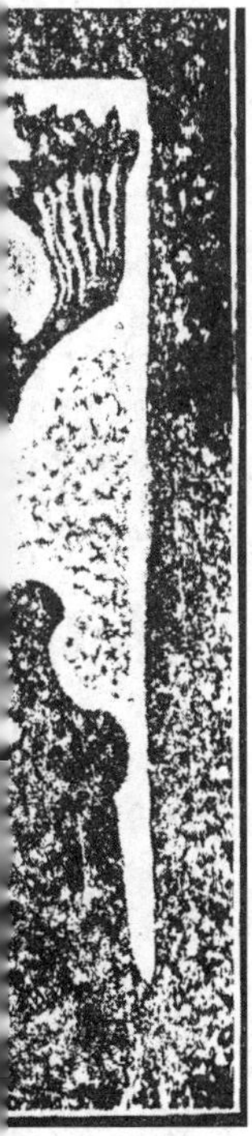

浅剔饲马图

［原石出土地：绥德县保育小学］
［原石纵横：103cm × 36cm］
［选裁纵横：20cm × 18cm］

（中国国家博物馆藏石）

三枝一鸟系马图

［原石出土地：绥德延家岔］
［原石纵横：131cm × 28cm］
［选裁纵横：35cm × 28cm］

偏重装饰性势必要忽视真实感，此图在这一点表现明显，树叶和树上的一只鸟几乎成了抽象的符号。

双人射鸟图

［原石出土地：绥德县保育小学］
［原石纵横：99cm×28cm］
［选裁纵横：25cm×22cm］

树干老态龙钟，疤结满身，树梢藏有一鸟。有人扶树立，两腿枯瘦，仰头上指，似为老者；有人取马蹲步，昂头举弓，欲射树梢之鸟，可能是晚辈。（中国国家博物馆藏石）

六枝饲马图

马槽倚树，树六枝十八叶。站立者长袍拖曳，双手笼袖。树枝下有仙狐飞舞，应是臆想的现象。

[原石出土地：米脂官庄　老拓]
[原石纵横：107cm × 68cm]
[选裁纵横：37cm × 29cm]

双 鹿

一鹿居中，回首观望；一鹿出框，步步紧随。两鹿均为小耳鸟喙，属于灵鹿一类。

［原石出土地：绥德四十里铺］
［原石纵横：91cm × 28cm］
［选裁纵横：26cm × 28cm］

雉与鹿

鹿在悠闲地吃草，有雉从上飞过，长长的雉尾恰到好处地填补了空间。

［原石出土地：绥德四十里铺］
［原石纵横：91cm × 28cm］
［选裁纵横：28cm × 28cm］

系牛图

牛鼻穿环，以短绳系于墙钉。牛旁有两只公鸡相斗，两只母鸡观望。公鸡长腿秃颈秃头，应该是斗鸡。西汉时斗鸡成风，这种习俗一直延续到东汉。

［原石出土地：绥德四十里铺］
［原石纵横：91cm×28cm］
［选裁纵横：26cm×28cm］

搭袖系马图

马系于墙，马倌左手所持似为短笛，右袖搭左袖。

［原石出土地：绥德四十里铺］
［原石纵横：91cm×28cm］
［选裁纵横：22cm×22cm］

猎犬与连枝灯

［原石出土地：绥德四十里铺］
［原石纵横：91cm×28cm］
［选裁纵横：22cm×22cm］

双鸟十叶饲马图

（中国国家博物馆藏石）

［原石出土地：绥德保育小学］
［原石纵横：141cm×29cm］
［选裁纵横：35cm×27cm］

轩　车

［原石出土地：米脂官庄］
［原石纵横：172cm×192cm］
［选裁纵横：32cm×36cm］

框内无法容下轩车车顶，上方边框的一条阴线巧妙地解决了这个问题。（西安碑林藏石）

槽前系马图

［原石出土地：绥德］
［原石纵横：97cm×29cm］
［选裁纵横：23cm×29cm］

富贵之马，官家坐骑。马鬃齐整，马鞍贴身，马尾扎锦。马头戴胜，胜须嵌入边框，马后有贴墙马槽。

第十一章 羽仙羽人

羽仙和羽人是天界里的老百姓，人数很多。羽仙也叫灵仙，地位似乎较羽人高，常干些弄云驭鹿、护驾巡游之类轻松露脸的事；羽人地位较低，更多的时间都是围着西王母和东王公转，给他们跑跑腿，负责天界里的一些琐碎小事。羽仙和羽人在大多数场合都看不出性别。

长须羽人

［原石出土地：绥德］
［原石纵横：100cm×91cm］
［选裁纵横：19cm×26cm］

多民族杂居是陕北当时的地域特点，但这并不影响大家去推崇同一个神灵，并且按自己民族的面貌特征去描绘雕琢，这位羽人便是如此——多须，鹰钩鼻，典型的西域胡人面貌。

持杖羽人

［原石出土地：绥德黄家塔　老拓］
［原石纵横：30cm×150cm］
［选裁纵横：30cm×29cm］

羽人面左持杖，杖顶为象首络饰；又一说羽人所持为鸠杖。年届七十授以鸠杖是东汉中央政府要求县级政府执行的一项尊老规定。那时认为鸠鸟为不噎之鸟，而气噎、食噎又是老人离世的主要原因。若为鸠杖，那么墓主离世时应在七十岁以上了。

鸠杖老者

［原石出土地：绥德］

抛药羽人

羽人站在扶桑树顶的平台上，用双手将不死之药高举过头顶，睁大眼睛环视着下界，寻找委托他在西王母那儿讨要灵药的人，以便将药抛给他。

［原石出土地：米脂官庄］
［原石纵横：120cm×36cm］
［选裁纵横：48cm×24cm］

［原石出土地：清涧贺家庄　老拓］
［原石纵横：121cm×53cm］
［选裁纵横：20cm×13cm］

振臂羽人

此图描绘的是羽人起飞的一刹那。在扶桑树的拐突处，羽人张开双臂，抖开羽毛，迈出一步，即将飞入云气缭绕的天界。

［原石出土地：清涧贺家庄　老拓］
［原石纵横：121cm × 53cm］
［选裁纵横：20cm × 17cm］

旋降羽人

没有扶桑，没有悬圃，西王母坐于一块四面悬空的厚毡上，羽人手持灵芝，旋转着降落在西王母身旁。

递灵芝羽仙

玉兔造型独特，正在捣制不死之药。药里最重要的成分就是羽仙两手所持的灵芝。

［原石出土地：绥德］
［原石纵横：100cm×91cm］
［选裁纵横：19cm×26cm］

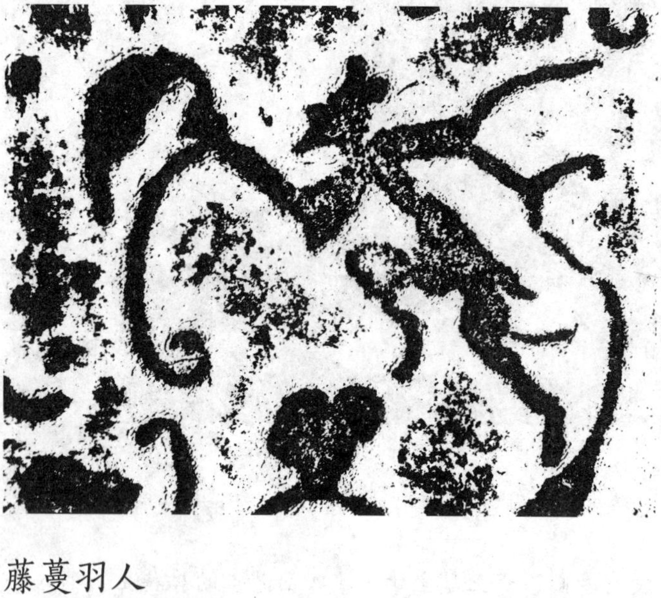

藤蔓羽人

高鼻长须的羽人在陕北汉画中多有出现。

羽人面陈

人们担心西王母在天上太寂寞，于是给她造了东王公。东王公除过与西王母谈情说爱，肯定还有一定的权限，否则这位羽人就不会攀云登枝，站在扶桑陡峭的树端面对东王公了。羽人肩负着将人间的生命接引到天界的工作，接引过程中的鉴别和分类肯定会非常烦琐，向东王公请示汇报应当是常事。树下有双头鸟、戴胜翼马和灵兽。

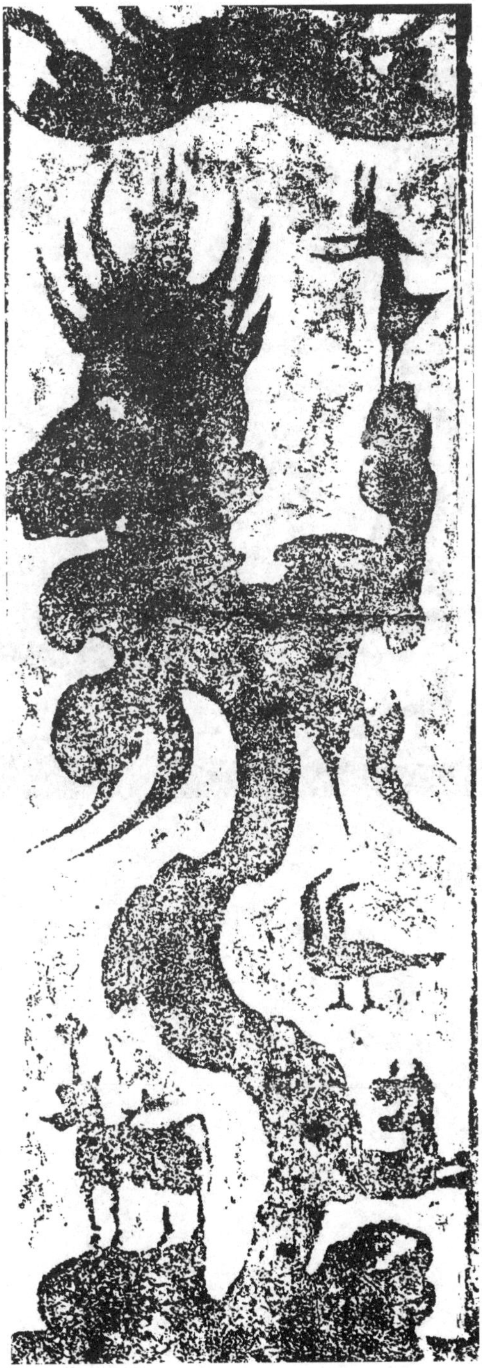

［原石出土地：米脂官庄］
［原石纵横：102cm×48cm］
［选裁纵横：36cm×21cm］

双扇羽仙

［原石出土地：米脂官庄］

羽仙身段窈窕，腰羽成裙，脚穿小皮靴，两手轻舞双扇。虽然如此外形，也不能说这位羽人就是女性，更不能说是在舞蹈。

捧灵芝羽人

［原石出土地：米脂官庄］

此羽人手捧灵芝，神态虔诚，在陕北汉画的羽人形象中最为典型。但不知什么原因，这个羽人形象后来演化成阎王殿里小鬼的形象，一身羽毛也变成絮絮拉拉的衣服。

弄云羽仙（一）

［原石出土地：米脂党家沟］
［原石纵横：42cm×176cm］
［选裁纵横：28cm×18cm］

灵鹿驻足祥云之上，羽仙藏身于云团，羽仙身上的羽毛用阴线刻画。

弄云羽仙（二）

［原石出土地：米脂］
［原石纵横：115cm×25cm］
［选裁纵横：28cm×15cm］

这位羽仙正在弄云，手臂下和后背的尖状物代表羽毛。

讨药羽人

［原石出土地：米脂官庄　老拓］
［原石纵横：102cm × 33cm］
［选裁纵横：15cm × 22cm］

天界应该无雨无雪，穹盖的作用更像皇帝出来时撑在头顶的华盖，不同之处是它可以悬浮。悬浮的穹盖边沿悬挂着药袋，里面放着不死之药。羽人正在替来自人间的委托人讨要不死之药。西王母靠近药袋坐是想盯紧她的宝贝，免得被谁盗走。

聊天羽人

［原石出土地：米脂官庄］
［原石纵横：118cm×36cm］
［选裁纵横：20cm×23cm］

斜旁而出的一块巨石代替了穹盖，两条龙在上面巡游。下面是空空的座榻，应该坐于其上的东王公没在，他可能是去面会西王母了，让两个来找他办事的羽人扑了空。没有了东王公在场，肃穆的气氛无从谈起，等候中的羽人席地而坐，手舞足蹈地聊起来，话题不外乎日常琐碎、天界逸闻，再发发小人物的牢骚。

整体门欣赏一

［原石出土地：绥德四十里铺］
［原石纵横：127cm×160cm］

整体门欣赏二

［原石出土地：米脂官庄］
［原石纵横：172cm×192cm］

整体门欣赏三

［原石出土地：米脂官庄］
［原石纵横：158cm×176cm］